金字塔原理应用手册

任洁 ◎ 著

民主与建设出版社
·北京·

© 民主与建设出版社，2023

图书在版编目（CIP）数据

金字塔原理应用手册 / 任洁著 . -- 北京：民主与建设出版社，2023.8
　ISBN 978-7-5139-4298-0

Ⅰ . ①金… Ⅱ . ①任… Ⅲ . ①管理学 Ⅳ . ① C93

中国国家版本馆 CIP 数据核字（2023）第 137398 号

金字塔原理应用手册
JINZITA YUANLI YINGYONG SHOUCE

著　　者	任　洁
责任编辑	刘　芳
封面设计	济南新艺书文化
出版发行	民主与建设出版社有限责任公司
电　　话	（010）59417747　59419778
社　　址	北京市海淀区西三环中路 10 号望海楼 E 座 7 层
邮　　编	100142
印　　刷	文畅阁印刷有限公司
版　　次	2023 年 8 月第 1 版
印　　次	2023 年 9 月第 1 次印刷
开　　本	787 毫米 ×1092 毫米　1/16
印　　张	13.75
字　　数	152 千字
书　　号	978-7-5139-4298-0
定　　价	68.00 元

注：如有印、装质量问题，请与出版社联系。

前　言　掌握经典工具，重塑高效思维

▶▶ 1　思维：魅力思维源于清晰的逻辑

结构的两种类型：让思考从无形回归有形，提高效率 / 003
有形结构：建立连接，决定形状　/ 003
无形结构：建立模板，决定惯性　/ 004

思维发展的三个阶段 / 007
0~6 岁，点状思维：十万个为什么（why）　/ 007
6~12 岁，线状思维：凭什么（why not）　/ 008
12~18 岁，面状思维：因为（because）　/ 008

高效思维需要左右脑的配合（理性思维、感性思维） / 010

I

2 逻辑：金字塔原理开启逻辑思考的大门

金字塔原理标准图：无形思考的可视化呈现 / 015

序言：完美表达的大门 / 017
序言结构的四大要素：背景 / 冲突 / 问题 / 答案 / 017
序言结构的四大形式：标准式 / 开门见山式 / 突出忧患式 /
　突出信心式 / 019

金字塔原理标准图的四个特质 / 022
结论先行：抓住重点 / 023
　　提炼精准、有价值的 goal
　　经典的麦肯锡"电梯 30 秒"原则
　　结论先行的三个条件：时间紧、信息多、他需
分类清楚：不重不漏 / 027
　　分类提供问题解决方案
　　分清分净、不重不漏的 MECE 原则
上下对应：严谨有力 / 032
　　提升严谨性的上下对应关系
　　增加话语权的上下对应关系
　　降低理解成本的上下对应关系
排列有序：步步为赢 / 037

3 表达：出口成章是因为脑中有图

表达五步骤：点题 / 定锚 / 展开 / 重复 / 扣题 / 041

拓展广度的横向结构 / 045
归纳与演绎，支撑主题更有力 / 045
　　并联的归纳结构，用规律支撑主题

　　　　串联的演绎结构，用论证支撑主题
　　六种横向结构，个个有优势 / 054
　　　　时间结构、位置结构、要素结构——最实用
　　　　钟摆结构、变焦结构、递推结构——更深入

挖掘深度的纵向结构 / 080
　　自上而下的提问与回答：设定场景 / 确定主题 / 设想问题 /
　　　　回答问题 / 081
　　自下而上的概括与总结：列出论据 / 归纳问题 / 分门别类 /
　　　　概括总结 / 086

4　汇报：你真的会做汇报吗

多种多样的汇报形式 / 093
口头汇报：一句话说清楚重点 / 093
微信汇报：60 秒内的信息提炼 / 094
会议汇报："三明治"结构最实用 / 096
书面汇报：三种书写方式打造"四有报告" / 098
　　写报告的三大好处
　　做有价值的"四有报告"

三种常用报告书写 / 105
CAP 式报告——总结性汇报 / 复盘报告 / 106
OKR 式报告——计划型报告 / 目标规划型报告 / 114
FAB 式报告——年终报告 / 述职报告 / 商业报告 / 119

会看 / 听报告才是高手 / 129
有结构地看 / 听 / 130
利用公式表达 / 136
从接收信息到表达信息的四个步骤 / 137

5 解决：职场竞争的终极要素是解决问题的能力

发现问题，寻找契机 / 146
明确问题的"三件套" / 146
清楚描述问题的重要性 / 150
PEP 法则 / 155

分析问题，锚定焦点 / 156
从目标思维到流程思维 / 157
拆解主流程，找出问题点 / 166

解决问题，找出方案 / 170
跳出心理定格效应，突破惯性思维 / 171
寻找解决方案，创新很有必要 / 182

决策筛选，矩阵量化 / 189
初步判断 / 190
科学决策筛选两步走 / 191
　选出需要优先考虑的标准
　面向未来进行结果分析

复盘总结，智慧传承 / 199
回溯目标 / 事实 / 199
优化方案 / 行动 / 200
总结个人经验 / 组织智慧 / 201

后　记 / 203
附　录　黄金搭档：金字塔原理与思维导图 / 205

掌握经典工具,重塑高效思维

"听过很多道理,依然过不好这一生",这是韩寒执导的电影《后会无期》的海报宣传语之一,引起过很多人的共鸣。我们读过不少文章,却很难做到出口成章;知道不少工具、方法,却依然对很多难题束手无策。

简单的了解和模仿很难让我们学会从深层次解决问题,要想提高自己的职场综合竞争力,需要从底层思维出发。思维是我们一切决策和行动的基础,思维层面问题的解决可以提升思考、表达能力和化解现实问题。

我们先举两个体现思维问题的例子,看看大家是否能从中找到自己的影子。

1. 大家都会参加会议，那么请大家回忆一下，自己参加的会议都能在预计时间内结束吗？会议能在预计时间内结束的情况是不是很少？是不是多数情况下，会议都会超时？开会的目的包括使与会人员的思路达成一致、提出解决方案、做好规划及部署等，如果会上没有人控制时间，大家又不能清晰地表达想法，那么理解、讨论不同意见的时间就会很长，会议自然就会超时。我作为一名职业讲师，每年要走访近百家企业，发现无论是国有企业、外资企业、私营企业，还是合资企业，都时常出现会议超时现象。

2. 工作汇报也是很多人在日常工作中必须要做的。无论是口头汇报，还是书面汇报，都是下属和领导交流的常用方式。下属如果总想应付了事，就会错失与领导沟通的好机会。在下属做工作汇报的过程中，领导可以看出下属的业务能力、思辨能力、沟通能力等。花些心思把汇报做好，其实就是提升自己的职场竞争力。

公司需要的是解决问题时头脑清醒、有方法、有魄力，最终能提交并完美执行方案的员工，而我们的痛点主要是：

▶▶▶ 无法捋清复杂冗繁的工作，遇到工作中的疑难杂症时，不知道从哪儿入手，大脑一片空白；

▶▶▶ 无法在沟通、汇报、发言时，将自己的想法表达清楚；

▶▶▶ 无法将问题解决到位，发现问题时不管三七二十一，撸起袖子就干，方法简单粗暴，错失解决问题的最佳时机，浪费资源。

思维训练是知易行难的。只有把好的思维工具应用到解决实际问题中，才能发挥其价值。本书以麦肯锡的金字塔原理为基础，结合了大量实际案例加以说明。用金字塔原理把发生在我们身边的事重新梳理一遍，就会让我们：

▶▶▶ 增强思维逻辑性和严密性；

▶▶▶ 提高沟通效率，增强职场说服力；

▶▶▶ 分析、解决问题更精准高效，事半功倍。

经典的金字塔原理能够把大量的信息结构化，把复杂的问题简单化。掌握了金字塔原理，"想清楚，说明白，做到位"不再是口号！另，本书插图均由笔者制作、手绘或拍摄。

1
思维：魅力思维源于清晰的逻辑

大家都喜欢与有逻辑的人沟通，他们的话通常简单、直接、明了，和他们对话会让人感觉很舒服，如行云流水一般，效率很高。但是，清晰的逻辑并不是与生俱来的。我们需要在思维工具的帮助下刻意练习，才能逐步培养出善用逻辑的意识和习惯。我们需要学会搭建思维结构，在职场中用逻辑魅力制胜。

提到世界七大奇迹之一的金字塔，想必大家除了对其巨大的规模赞叹不已外，还对其精巧的结构和所体现出的高超建筑技巧非常感兴趣。其实，金字塔结构对我们的启发体现在很多方面。在思考时，我们可以借用金字塔结构来直观地展现很多事物的内部逻辑结构，马斯洛需求层次理论金字塔模型、营养金字塔等即是这样的例子。为了让大家更好地理解如何利用金字塔模型构建逻辑思维结构，下面我们先介绍结构的两种类型。

结构的两种类型：让思考从无形回归有形，提高效率

我们可以将结构分成两类：有形结构、无形结构。

有形结构：建立连接，决定形状

顾名思义，有形结构就是看得见、摸得着、实际存在的结构。比如，大家在日常生活中经常见到的各种建筑，就具有有形结构。

请想一想，如果我们要盖一栋房子，会先请谁来呢？想必你会脱

口而出：当然是建筑设计师。不管是建造外立面，还是进行房屋内部的装修，施工单位都需要有建筑结构设计的图纸才能开始施工。

请再思考一个问题，尽量用最快的速度找出最多的答案。

一堆钢材可以做成什么呢？

你的脑海中可能会闪现很多物体，包括旗杆、路灯杆、电线杆、避雷针、栅栏、桥墩、单双杠、脚手架、路基、床板、桌子、楼板等。

这些实物都存在于我们身边，有看得见的、摸得着的、有形存在的结构。做这些东西都需要用到钢材，但将钢材搭建成不一样的结构，做出的实物就不相同了。我们可以总结一下，有形结构的特征之一就是"在内容或素材相同的情况下，有形结构不同，内容或素材的外在表现形式就不同"。

无形结构：建立模板，决定惯性

接着，我们来看看第二类结构——无形结构。既然这类结构是无形的，那肯定是我们看不见、摸不着的，我们不妨通过例子来感受一下。

我是一名"80后"，在我参加高考的年代，全国很多省份的考生都需要在考试结束之后，根据估算的得分填报志愿（估分报志愿的高考志愿填报方式在全国范围内持续多年后，各省陆续采取知分报志愿的政策，如北京市从2015年起开始实行知分报志愿）。当时，报考志愿提交后一个月左右，成绩才会出来，考生才能准确地知道自己考了多少分，接着，录取分数线公布，再过一段时间，考生就能收到自己的录取通知书了。所以，考试结束后，估分这个环节特别重要。估高了分，报考的志愿容易落空；估低了分，考生又会觉得委屈。

在所有考试学科里，哪个学科的分最不好估呢？大家一致觉得是语文，语文作文的分数尤其难估。作文分值包含的不确定性比较多。以全国卷为例，全国卷的语文考试中作文部分满分60分，估不好作文成绩，就可能会让语文估分结果和实际得分差十几分，甚至更多。要知道，在高考严酷的竞争里，十几分可能意味着千军万马。那么，作文应该怎么写才能得高分，进而好估分呢？

我们还以全国卷的作文为例。全国卷作文的写作要求通常是体裁不限（诗歌除外），题目自拟，不少于800字。为了减少跑题的概率，很多考生都选择写议论文。考生写议论文时通常先明确论点，再提供充足的论据，最后点题、做总结，这样写出来的文章结构就是"总—分—总"。这是全国很多老师和考生的共识。

高考状元的作文也是这样写的吗？我曾就此问题请教过一位估分报志愿时代的高考状元。很巧，他当年高考答的就是全国卷。他表示，他有独门绝技。看到高考作文题目时，他的脑海里是5篇100~200字的小作文组成的一篇文章，以及每一篇小作文的结构模板。老师曾经教过他开头段、中间部分、结尾段的结构最好是什么样的，应该怎么写，考生只要拿着题目往里套，别写跑题，作文的分数就低不了。

我们换个角度再想想，评分老师是如何给高考作文评分的呢？老师每天要看的作文太多，因此往往重点看某些部分，略读某些部分。那么通常情况下，老师重点看的是哪些部分呢？开头和结尾。而作文的中间是老师快速浏览的部分。

学霸答题时心中有结构，就可以在估分时信心十足。无形结构虽不可见，却可以确保文章精彩、能拿高分。

正在读这本书的你可能早已过了参加高考的年纪，能应用于职场中的无形结构可能更适合现在的你。

每天早上，打开邮箱，"喷涌而出"的待办事项可能会让你应接不暇。面对冗繁复杂的工作，别急着抓来一项就做，先花五分钟思考其中的逻辑，梳理出工作结构：

第一步，分清楚哪些是重要且紧急的工作，把这些工作放在需要优先处理的第一梯队。将其他工作按照重要不紧急、紧急不重要、不紧急不重要依次划分好。

第二步，划分出的重要且紧急的工作中，哪些是需要向领导请示之后再处理的，哪些是必须由本人直接处理的，哪些是可以交给下属处理的……

第三步，划分出的需要向领导请示之后再处理的工作及必须由本人直接处理的工作中，哪些是可以通过邮件、微信、电话等快速处理的，哪些是必须本人亲自到本地工作现场处理的，哪些是需要出差到另一个城市完成的。

通过多次"分类+排序"，适当安排每一项工作，会让每天的工作从整体上构成一个无形结构。这样一来，繁杂的工作变得清晰有序，我们做起来就会事半功倍！

总结一下，搭建无形结构就是把经过分析、处理的复杂信息转化为有结构、有条理的形式。其实，无论我们是否有感知，无形结构始终存在于我们的身边，而且我们会不自觉地使用无形结构。

思维发展的三个阶段

说到思维结构，很多人会觉得它有点儿虚、不具象。我们看不见、摸不着这种无形结构，需要了解思维结构的形成过程，才能清楚大脑平时是如何思考问题的。弄清楚大脑思考的路径，才能更好地在思维中搭建结构。

德博诺先生在 1969 年出版的《头脑的机制》(Mechanism of Mind) 中提到这样一句话：大脑是一个自我组织的模式系统，可以把输入的信息组织成各个常规的模式。

我们可以通过大脑思维发展的三个阶段来了解大脑的系统模式。

0~6 岁，点状思维：十万个为什么（why）

0~6 岁的孩子最愿意问 "why（为什么）"。他们总是不停地问 "为什么"，随时随地问 "为什么"，简直就是行走的 "十万个为什么"。那么，孩子在这一阶段，为什么会问这么多的 "为什么" 呢？

0~6 岁的孩子属于学龄前儿童，还没有系统学习知识的经历。他们头脑中的信息要么是身边的人教给他们的，要么是他们通过对生活中点点滴滴的观察得来的。这些信息以打点的方式在他们的头脑中留下了印记，散落地分布。他们通常有非常强的好奇心和求知欲，很想知道这些点与点之间的关系，因此会不停地问："爸爸，这个为什么在天上？""这个为什么不能吃？""这个为什么是红色的？"……他们的思维处于第一个阶段——问 "为什么"。

6~12岁，线状思维：凭什么（why not）

这个阶段的孩子通常在读小学，或者刚刚上初中。我的孩子今年11岁，正好就处于这个阶段，我的感受特别深刻。

这么大的孩子，经常会问"why not（为什么不）"，也就是凭什么。比如："凭什么爸爸能玩游戏，我就不能玩？""凭什么你们下了班，就不用工作了，我放学回来还要写作业？""凭什么9点就让我去睡觉，你们还能看电视？"……

在这个年龄段，孩子开始接受系统的学校教育，大脑结构发生变化。大脑中输入的信息越来越多，模式系统开始建立，但是又没有完全形成，所以大脑处理问题时既想遵循（follow）模式系统，又想要有所突破。孩子在这一阶段对很多事情开始有自己的认知和判断，但他们的认知和判断不一定准确、全面。

12~18岁，面状思维：因为（because）

这一阶段的孩子大多在读中学。我咨询过很多初中生和高中生的家长一个问题——"你的孩子现在愿意说什么呢？"他们中的绝大多数给我的反馈是：没有愿意说的，有的时候根本什么都不说。

孩子到这个年龄段会觉得和父母没什么共同语言，能交流的越来越少。我记得，一位爸爸提到这件事时特别失落。他说："任老师，就像你说的那样，孩子在小的时候还会问'为什么''为什么不'，那时我们和孩子的交流还是很多的。可是随着她长大，我们和她能聊的越来越少，感觉关系也越来越疏远了。"

我劝他："你别失落，你要了解她处于这个年龄段，说的话少了，

1 思维：魅力思维源于清晰的逻辑

是因为她脑袋里想的是'because（因为）'。随着年龄的增长、知识积累和社会阅历的增加，她大脑中的模式系统将基本成型。当她遇到问题或者困难时，她会自己找原因，自己想解决方案。"

大脑会形成无数模式系统，有处理工作的模式系统，有吃饭的模式系统，有穿衣的模式系统。一旦某种模式系统形成了，大脑就会将接收到的相关信息分配到其中。当我们遇到一个新问题，而这个问题的答案在我们大脑中的模式系统还没有建立时，我们就需要在头脑中建立一套新的模式系统。

比如，A是家门口，B是上班地点。如果出门去上班，我们发现常走的那条由A到B的直线马路正在维修，堵车，就可能要放弃这条"惯性主路"，找一条好走、可以保证我们高效到达目的地的"新路"，比如A→C→B这条路（见图1-1）。虽然路程增加了，但是用时缩短就意味着我们的速度变快了。

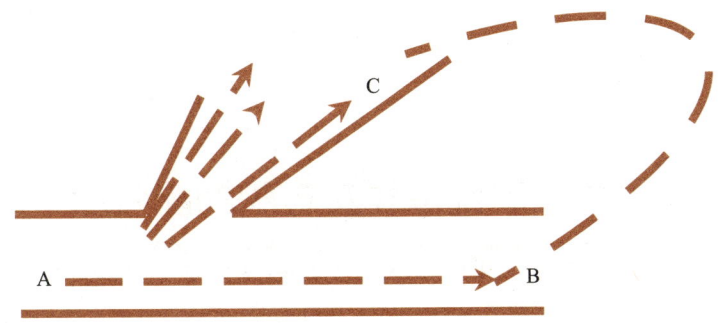

图1-1 从家门口（A）到公司（B）的"惯性主路"与"新路"

我们可以将由A到B的直线马路比作我们的主干思维，也就是指导我们解决问题的惯性思维。身体有自我保护意识，本能地想为自己储存更多的能量，且大脑生性懒惰，当有现成的答案时，大脑往往不想消耗更多的能量，不愿意主动寻找其他的解决方案。所以，我们很多时候都用惯性思维思考。

但是，外界环境变化，比如资源受限，会逼迫大脑不得不寻找新的办法，启动创新思维，寻找图中的"小岔路"（如 A → C → B 这条路）。如果你目前的惯性思维为你带来的思考结果不能满足外界环境的需要，领导觉得你讲话啰唆、不清楚，同事认为和你沟通不顺畅，你们的沟通效率低，你就需要寻求新的思维框架来处理要表达的信息。用新的思维替换原有的惯性思维就标志着思维的升级和优化。

总结一下，思维结构优化是指不断更新原有的惯性思维，用更有效的思维路径达成思考目标。

我们了解到，有形结构最好理解，也最直观。我们学习的目的就是把复杂问题简单化。所以，接下来要做的是把无形结构和思维结构有形化，在我们头脑中构建成图形。其实，这就是麦肯锡的芭芭拉·明托女士提出的金字塔模型理论。

高效思维需要左右脑的配合
（理性思维、感性思维）

过去几十年，我国一直处于工业快速发展时期，生产、制造等领域需要大量的理工科人才，学校教育不断强化和锻炼学生的理性思维，国内很多孩子的数学学习能力，包括运算、推理等方面的能力都很强。

近几年，我国已经逐步转入重视研发、创新的新时代，需要大量有创造力、动手能力的人才，由此看来，学生的全面发展、让孩子实现感性思维和理性思维的综合应用已经得到重视。

我们在主要运用理性思维梳理逻辑的同时，也要重视感性思维。让理性思维与感性思维相结合（左右脑配合），逻辑结构便会有着陆点、有框架、有外壳，我们表达和传承思维也会更加方便。

2

逻辑：金字塔原理
开启逻辑思考的大门

芭芭拉·明托女士提出的金字塔原理一直是世界500强企业中应用最广泛的逻辑思考工具之一,可以用在思考、表达和解决问题等方面。金字塔原理用简单的框架结构,完美地构建了思维整理和输出信息的过程,让复杂的信息变得简洁,让无形的思考变得可视。

金字塔原理标准图:无形思考的可视化呈现

芭芭拉·明托女士在提出金字塔理论时,既用到了文字描述,又用到了逻辑框架模型。一提到金字塔原理,估计大家头脑中第一个出现的就是这样的标准图(见图2-1)。利用这个模型归类的信息,主题一目了然,层次有先有后,关系严格对应,做到了让思维的构建可视化。

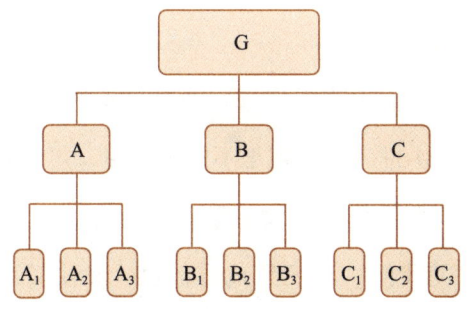

图2-1 金字塔原理标准图

我们来看一下这个标准图。从整体上看,这个图形形似金字塔,信息量上少下多，各种信息分门别类，自上而下有层级的区别。这就强迫我们的大脑需要有聚焦和提炼的能力，能在繁杂的信息中抓住核心，将其放在塔尖上（G处），也就是总结主题或者中心思想。

接着，我们要用一些要素进一步阐述主题，将它们写在A、B、C处。图形中线条的连接，可以提醒我们在思考时紧紧围绕主题，在不跑题、不偏题的情况下，用同一层级的要素对主题进一步论述，确保主题的准确和完整。

然后，我们可以用同样的方法，用具体的事件、数据等，不断向下拓展层级，使信息的颗粒度越来越小。

如果将每一个方块内的信息视为一个论点，那么纵向来看，每一个论点都需要多个事实支撑；横向来看，同一层级的事实之间存在先后顺序。我们要将重要的、有价值的、需要被重点关注的部分排列在前面，其他的依次向后排。这样我们便能在有限的时间里面获取最有价值的信息。

当然，在具体应用中，我们可以让标准图有所变化，以适应不同的应用环境。

从图2-1中，我们不难看出来，通过分类的方式把信息拆解为不同的模块，再将模块排序、分列于不同的层级，可以有效地梳理逻辑、重构信息。这一模型为我们接收信息、表达信息、处理问题等提供了结构性框架，帮助我们一目了然地看信息，又快又准地思考。接着，我们具体来看标准图中的各个具体组成部分。

序言：完美表达的大门

序言结构的四大要素：背景 / 冲突 / 问题 / 答案

在开始阐述主题之前，我们往往会用序言（前言、引言、导言）做铺垫。在描述金字塔结构之前，我们同样可以用序言来打开表达的大门。

假设现在时间回到 2020 年底，我作为一名部门负责人，要向集团领导做年终述职报告。我的序言是这样写的："在 2020 年，很多行业都在不同程度上受到了全球大环境的影响。我们部门的业务发展受到了各个方面的限制。但是这一年我们做得怎么样呢？我们部门超额完成任务，实现了业绩逆势增长！"

这四句话作为述职报告正文之前的序言，为表述主题起到了铺垫和导入的作用。我们来拆解一下这四句话，看看里面都包含了什么要素。

第一句 "在 2020 年，很多行业都在不同程度上受到了全球大环境的影响" 是背景（situation），也就是概述大的环境、整体情况。注意，我们所讲的宏观的客观背景一定要为主题服务，与主题没有关系的背景无须铺垫。

第二句 "我们部门的业务发展受到了各个方面的限制" 是在讲冲突（conflict），指出矛盾点，也就是遇到的困难、受到的阻碍。同样，所讲的冲突也必须与主题相关。

第三句 "但是这一年我们做得怎么样呢" 是一个问题（question）。提出一个问题，引发他人思考，让他人进入我们营造的场域氛围，为引出主题做铺垫。

第四句"我们部门超额完成任务,实现了业绩逆势增长"是一个答案(answer),我们也可以将其作为这篇述职报告的主题,也就是标准图中最上层的 G(goal)。

总结一下,序言结构包含四大要素(见图2-2):

S:背景,即与主题相关的客观背景描述。

C:冲突,即现状中的矛盾。

Q:问题,即引发思考的问题。

A:答案,即假设性的核心解决方案或结果。

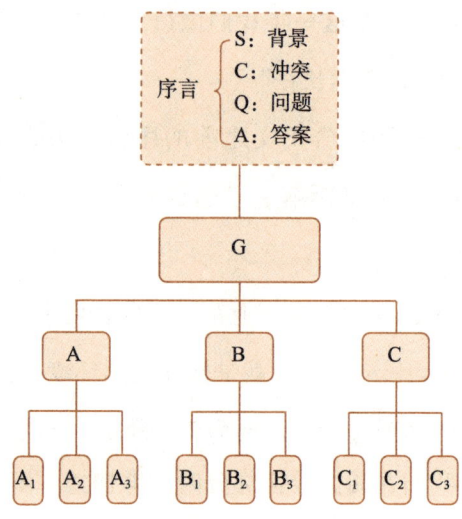

图2-2 序言结构的四大要素

我们来看序言结构在报告中的应用案例。

导言

中国电商快递行业因阿里巴巴而起,早年阿里系快递公司的件量一度占到行业的 80%，因此阿里巴巴的战略会显著影响快递公司的发展。

2019 年，阿里巴巴计划逐步控股申通快递，加大对快递行业的掌控，一系列事件使得投资者担忧阿里巴巴将如何影响快递行业竞争格局。本文从梳理菜鸟发展史、战略业务布局，以及阿里巴巴核心利益入手，来分析菜鸟对快递行业的影响。

可以看到，这份报告中就使用了刚才提到的序言结构，S、C、Q、A 四大要素在这篇导言中完整、清晰。

S：中国电商快递行业因阿里巴巴而起，早年阿里系快递公司的件量一度占到行业的 80%。

C：阿里巴巴的战略会显著影响快递公司的发展。

Q：阿里巴巴将如何影响快递行业竞争格局？

A：从梳理菜鸟发展史、战略业务布局，以及阿里巴巴核心利益入手，来分析菜鸟对快递行业的影响。

这些文字让我们在阅读导言部分时能够快速了解事件背景以及关键点。

序言结构的四大形式：
标准式 / 开门见山式 / 突出忧患式 / 突出信心式

序言结构的四大要素为正文表达主题、讲故事、描述情绪做了铺垫。上文提到背景—冲突—问题—答案是序言结构的标准式，我们还可以调整这四个要素的顺序，为主题做不同风格的铺设。序言结构常见的四大形式如下（见表2-1）。

表2-1　序言结构常见的四大形式

序言结构形式	要素构成
标准式	背景—冲突—问题—答案
开门见山式	答案—背景—冲突
突出忧患式	冲突—背景—问题—答案
突出信心式	问题—背景—冲突—答案

我们试试用后三种形式来重新组织述职报告中的导言。

开门见山式：

各位领导好！接下来，由我代表我们部门向各位领导汇报。我们部门在本年度超额完成任务，实现了业绩逆势增长！众所周知，在2020年全球新冠肺炎疫情的影响下，很多行业都受到了不同程度的冲击，我们部门的业务发展也受到了各个方面的限制。

突出忧患式：

今年，我们部门的业务发展受到了各个方面的限制。在2020年全球新冠肺炎疫情的影响下，很多行业都受到了不同程度的冲击。那么，我们部门今年做得怎么样呢？我们部门超额完成任务，实现了业绩逆势增长!

突出信心式:

今年,我们部门业绩完成情况如何呢?在2020年全球新冠肺炎疫情的影响下,很多行业受到了不同程度的冲击,我们部门的业务发展也受到了各个方面的限制。但是我们部门大胆创新,通过优化流程、精简人员、提高团队凝聚力这三个方法超额完成任务,实现了业绩逆势增长!

通过以上三种形式,我们可以看出,调整序言结构要素的出场顺序,用一些词语将它们自然衔接起来,就可以让序言的语境为主题服务。

其实,很多面向公众的演讲也会用序言结构来组织自己的开场语。希拉里在她的一次竞选中是这样说的:

我准备竞选总统。美国人已经携手度过了经济困难的时期,但是美国社会仍旧充满了不公,美国人民时刻需要一名捍卫者,而我愿意成为这名捍卫者。你可以收获成功,而非得过且过,并且始终领先。只有每个家庭都强大,美国才会强大。所以我需要你的选票,因为这是属于你的时代,我希望你能与我同行!

很明显,第一句话"我准备竞选总统"是序言结构中的答案(A),直接点明了希拉里这段话的主题。她演讲的目的是希望大家给她投票。

在这种为自己拉选票、需要获取更多人支持的时候，没有必要拖拖拉拉、欲说还休，大方直接地表明自己的意图是最明智的选择。

"美国人已经携手度过了经济困难的时期"，这是在讲美国的大环境背景（S）。这样的背景带来的冲突（C），即"美国社会仍旧充满了不公"。

所以，这段演讲运用了开门见山式的序言结构。

当然，只要能够达到更好地铺垫、引领正文的作用，序言结构的四个要素不一定要全部出现，顺序也可以根据需要来调整。

或许你想问：我们在组织语言时，一定要用序言做铺垫吗？

不是的。是否用序言，要根据场景和受众决定。我们如果只是想快速地做一个简短的口头通知或者汇报，就不需要介绍背景或者提出问题。单刀直入，利用有限的时间展示最有价值的信息，直接讲主题就可以了。例如，规定开会时，每个人只有30秒的发言时间，如果你说一段用序言结构组织的话，可能还没有说完，时间就已经到了，而且要表达的内容、核心观点都没有机会说出来。

金字塔原理标准图的四个特质

讲到金字塔原理的应用，我们就要从金字塔原理的提出者芭芭拉·明托女士的工作说起了。芭芭拉·明托作为麦肯锡公司的第一位女性咨询顾问，工作业绩非常出色。那么，咨询公司的咨询顾问平日里都有哪些工作呢？我们来简单梳理一下。

咨询公司主要是为企业解决问题的。当有企业请咨询公司制定策略时，咨询公司首先要去企业里做前期的数据调研，分析企业经营状况。根据调研结果制定出问题的解决方案后，咨询顾问需要为客户讲解解决方案。咨询顾问讲清楚、说明白，客户听懂了，觉得方案能解决自己公司的问题，就会花钱来买这个方案。咨询公司交付方案，企业的执行部门就会开始实施方案。在这些环节里，咨询顾问最重要的工作就是写报告和讲报告。

芭芭拉·明托女士基于她做咨询顾问时遇到的工作场景和案例，把写报告和讲报告的逻辑放在金字塔结构的框架、图形里，也就有了我们今天看到的标准图。

我们可以将标准图的特质概括为16个字：结论先行、分类清楚、上下对应、排列有序。接下来，我们按照标准图从上至下的顺序，在不同的工作场景中感受一下这四大特点。

结论先行：抓住重点

提炼精准、有价值的goal

goal，也就是主题、目标、结论、中心思想，是金字塔结构中的塔尖。估计大家在上学的时候，都做过大量与议论文相关的练习。无论是学习、分析一篇议论文，还是写一篇议论文，我们首先要做的都是明确中心论点，因为中心论点是整篇文章的核心，文章中的论据都是紧紧围绕中心论点的。我们在构建金字塔结构时，把中心论点放在塔尖的位置上，也意味着，我们无论是在整理信息、组建思维框架，还是在输出信息时，都希望结论先行。这样，在选择论证材料时，才会有方向和标准。

经典的麦肯锡"电梯30秒"原则

我们提炼的中心论点要准确、精练、有内容。

麦肯锡公司有一个著名的"电梯30秒"原则,也就是在时间紧、信息多的情况下,抓住重点,聚焦关键,在30秒的时间里把观点表达清楚。下面我们来模拟一下这个场景。

有一天,你刚站进电梯,还没等到电梯上行,电梯门"叮"的一声开了,董事长走了进来。你和董事长之间差了好几级,平时想单独和董事长汇报一下工作或者聊个天,几乎是不可能的事情。董事长对你微微一笑,问:"小张,最近怎么样?"你紧张的脑子里蹦出来的第一个词语是什么?估计绝大多数人张口就会说:"还不错/挺好的/还可以。"

你知道吗?这么聊天一般都会把天聊"死"。既然你说挺好的,董事长只能点头、微笑。接着,你俩就会默默地看着电梯里显示楼层的数字一点一点地变化,心里想:怎么还不到?电梯门怎么还不开?

相信你已经意识到了,这样的回答肯定不是最好的。想一想,你和董事长下一次相遇时,你应该说什么呢?

我在授课时,有学员说:"有这么珍贵的机会,我必须把心里话说出来:'领导,最近压力特别大,总加班。关键是三年都没涨过工资了,家里老婆都有意见啦!'"

2 逻辑：金字塔原理开启逻辑思考的大门

这么说完，你是痛快了，请问，你有没有想过会带来什么后果？董事长听完，眉头一皱："这样的问题，你最好找你的直属领导反映一下。"你不吐不快的语言风格，很可能给领导留下不好的印象，还解决不了问题。

现在，你可能意识到了，要讲和工作相关的、积极的话。

又有一天，你站在电梯里，电梯门"叮"的一声开了，董事长走了进来，再一次和蔼可亲地问你："小张，最近怎么样？"你心里窃喜自己是有准备的，一张嘴就开始汇报："董事长我现在一共负责五个项目，分别是××、××、××、××、××，我从第一个开始给您讲，第一个是这么回事儿……"刚说到这儿，电梯门又"叮"的一声开了。董事长迈出电梯，回头向你微微一笑："小张，我们下次有机会再聊。"你特别郁闷，好不容易准备了，可是连第一个项目都没正式开始讲，时间就到了。

在有限的时间里，快速聚焦信息的关键，并将其提炼成一句完整的话就是"电梯30秒"原则要求我们具备的能力。

我们要思考，在30秒中说的话应该是我们想说的，还是对方关心的？答案一定是对方关心的。我们在跟谁说话，就要站在谁的角度上考虑：他最想听的是什么？他最关心的是什么？在他来看，什么是最有价值的？——我们也可以将自己说的话总结为"他需要"的。

所以，如果真的有领导问你"最近怎么样"，你可以在头脑中迅速搜寻一下你负责的哪一项工作是和公司目前的主导战略或者核心项目最相关的，然后把你在这项工作中最突出的业绩用一句话总结出来。比如："领导，最近××项目的采购工作进展顺利，新开发的几个供应商在价格和品质上都有不小的优势，我和我的团队在持续跟进这项工作。"领导听到这样的话很可能会继续问你："这些供应商主要是哪个领域的呀？你是通过什么渠道开发出这些供应商的？"你不仅突出了自己的工作亮点，也能就此展开你和领导之间的话题，让领导对你的工作更加了解，一举多得。

结论先行的三个条件：时间紧、信息多、他需要

"电梯30秒"原则的三个条件告诉我们，结论先行不仅仅是形式，更是重要的思维方式（见图2-3）。我们不仅要能把G讲出来，还要在组织G的关键词时把其下一层的A、B、C提炼出来。一些第二层级的内容已经包含在G中，能从G中延伸出来。

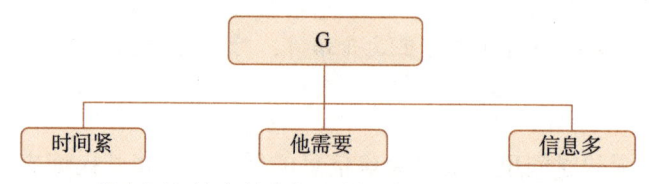

```
            ┌─────G─────┐
            │     │     │
         时间紧  他需要  信息多
```

结论先行不仅仅是形式，更是重要的思维方式！

图2-3　结论先行的三个条件

在"时间紧""信息多""他需要"的情况下，要归纳好金字塔塔尖的G，做到结论先行。这样，当对方问到A时，你能够把A描述出来，然后说出A_1、A_2、A_3；当对方问到B时，你能够把B描述出来，然后说出B_1、B_2、B_3。

分类清楚：不重不漏

分类提供问题解决方案

接下来，我们打个比方。把标准图看作一个家族的族谱。在 G 大家长的领导下，成年、独立的孩子都组建了自己的小家，有了 A 氏家族、B 氏家族、C 氏家族……这就相当于自然地产生了分类。

分类对大家来说不难理解。回忆一下，上学时，你是如何解"$|a|=？$"这道题的？

问：$|a| = ?$

解：当 $a > 0$ 时，$|a| = a$。

当 $a < 0$ 时，$|a| = -a$。

当 $a = 0$ 时，$|a| = 0$。

∴ $|a| = \pm a$ 或 0。

从这道数学题的解题思路里就可以看出，我们对分类的思维方式早已经不陌生了。当然，分类的逻辑不仅能应用于解答数学题，还能应用在我们的工作中，而且对给我们的工作提供解决方案非常重要。

美国教育家约翰·杜威说过，所有知识都是分类。今天，我们站在巨人的肩膀上可以看到，其实万事万物均可分类。

想必很多人都喝过王老吉。那么，你在什么时候会想到喝王老吉呢？很多人头脑中第一个跳出来的场景，大概率是吃辣火锅的时候。为什么会这样呢？可能马上就会有人说："广告啊，'怕上火，喝王老吉（"怕上火，喝××"广告语由加多宝首创）'如雷贯耳，深入人心。王老吉能够降火，而辣火锅容易让人上火，但我又不希望自己吃了辣火锅之后上火，所以自然就将王老吉和辣火锅联系到了一起。"

其实，如果你仔细观察、分析一下，就会发现玄机。几乎所有王老吉广告的背景都是吃辣火锅的场景，这样的设计让大家头脑中把王老吉这个产品和吃辣火锅这个场景联结在了一起。所以，当你吃辣火锅时，如果服务员问你想喝点儿什么，你可能会很自然地张口就答："王老吉！"这是王老吉场景化营销效果的体现。

但是，王老吉在刚推向市场时，主打去火功效，后来才开始用"怕上火，喝王老吉"这句广告语。这一点变化对王老吉的发展和销量的影响可谓巨大。

我们来分析一下。有去火功效的产品的目标消费群体是什么样的人呢？已经上火的人。也就是说，得先上火，才能喝王老吉。这在很大程度上限制了目标消费群体的人数。

"怕上火，喝王老吉"，改变了产品市场定位，扩大了目标消费群体，让目标消费者从有特定症状的人变成了所有人。再加上以火锅店作为广告背景进行场景化营销，一下子打开了市场，抢占了一片蓝海。

王老吉广告这个经典案例已经被收录到MBA的教材中，是很多企业学习的典范。其底层逻辑其实就是分类。具体来说，就是对消费群体做了分类，并据此确定目标消费群体。可见，分类做得好，可以直接给企业带来经济效益。

下面，我们再来看一个分类的例子。

我之前曾给欧莱雅中国区销售经理团队授课。那天，我刚一进教室，发现二十几名学员已经整整齐齐地坐在教室里等我了。我扫了一眼，发现学员都是女士，而且都是漂亮、精致的女士。我觉得赏心悦目，忍不住问了一个问题："各位女士，来上我的课，脸上都擦了几层啊？"

乍一听，这个问题对学员们不太友好，但是那天课堂上的学员都是销售化妆品的高手，她们马上意识到这是一个专业问题。于是，就有学员举手回答说："老师，13层！"难怪都这么漂亮，13层！接着，有学员解释道："老师，我们说的13层可不是一层一层简单叠加着糊上去的。化妆品是有分类的。我敢大胆地讲，任何行业产品的分类，都做不到我们化妆品分类这样极致。在行业内有这样一句话：'我分得出来，就卖得出去！'"这句话听起来是不是挺牛的？

下面，我们就来看看化妆品是怎么把分类做到极致的。

简单地想一想，化妆品的使用要不要分时间呢？要分，可以分白天用的和晚上用的，而且春、夏、秋、冬使用的化妆品可能各不相同。化妆品的使用要不要分场合呢？当然，我们去不同场合需要不同的妆容。我们要按面部区域的不同使用不同的化妆品吗？那是必须的……我们可以用多种不同的维度，对化妆品进行分类。

这些学员告诉我："老师，我们特别喜欢公司的研发中心做产品线的细化，因为每做一次更细化的分类，就意味着我们的营业额 up（上涨），up，up；意味着我们的利润 up，up，up；意味着我们每一个人的销售业绩 up，up，up！所以，分类是我们化妆品界的一个法宝。"

分清分净、不重不漏的 MECE 原则

既然分类这么重要，那我们应该如何做分类呢？MECE 原则是麦肯锡的一个很实用的分类依据。具体来说，ME 是 mutually exclusive 的缩写，意为互不相交，相互独立；CE 是 collectively exhaustive 的缩写，意为完全穷尽，毫无遗漏。每当做分类时，我们都可以问自己：分清分净、不重不漏了吗？以此检验自己做的分类是否合理。

很多行之有效的工具的底层逻辑也是分类。比如，区分事务紧急性、重要性的四象限法则（见图 2-4），就是典型的分类工具。

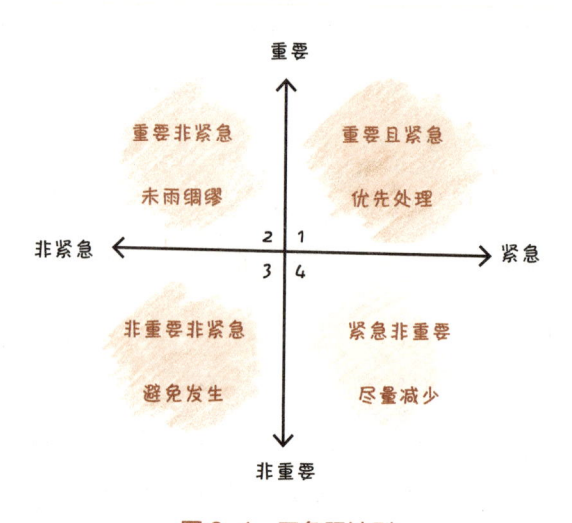

图 2-4 四象限法则

2 逻辑：金字塔原理开启逻辑思考的大门

四象限法则之所以可以让我们做的分类符合 MECE 原则，是因为有横轴和纵轴作为划分标准。在规定划分标准之后，四个区域的范围自然就清晰了，不会产生交叉重叠。

结合以上讲到的分类原则和四象限法则，设想一下，面对复杂冗繁的工作，我们的大脑会如何处理呢？

第一步，分清楚哪些是重要且紧急的工作，把这些工作放在需要优先处理的第一梯队。然后，将其余的工作按照重要非紧急、紧急非重要、非重要非紧急，依次放在第二梯队、第三梯队、第四梯队。

第二步，在每个梯队中，区分哪些工作需要本人直接处理、哪些工作需要请示领导再处理、哪些工作可以交给下属处理。

第三步，区分在需要请示领导再处理的工作及必须由本人直接处理的工作中，哪些是可以通过邮件、微信、电话等快速处理的，哪些是必须亲自到本地工作现场处理的，又有哪些是需要出差到另一个城市完成的。

在分类思维的帮助下，经过以上三步，复杂繁多的工作将变得清晰有序（见图 2-5）。可见，分类思维让我们获得了理性和进步，是每个人都需要具备的思维。

我们可以总结一下，要想让所做的分类符合 MECE 原则，需要分两步：

第一步，为分类对象划定边界清晰的范围；第二步，用分类范围衡量分类对象，分清分净，不重不漏。

大家可以这样训练自己：在思考问题的过程中，发现思考方向不止一个或者问题的答案不止一个时，第一反应就是做分类，并且在

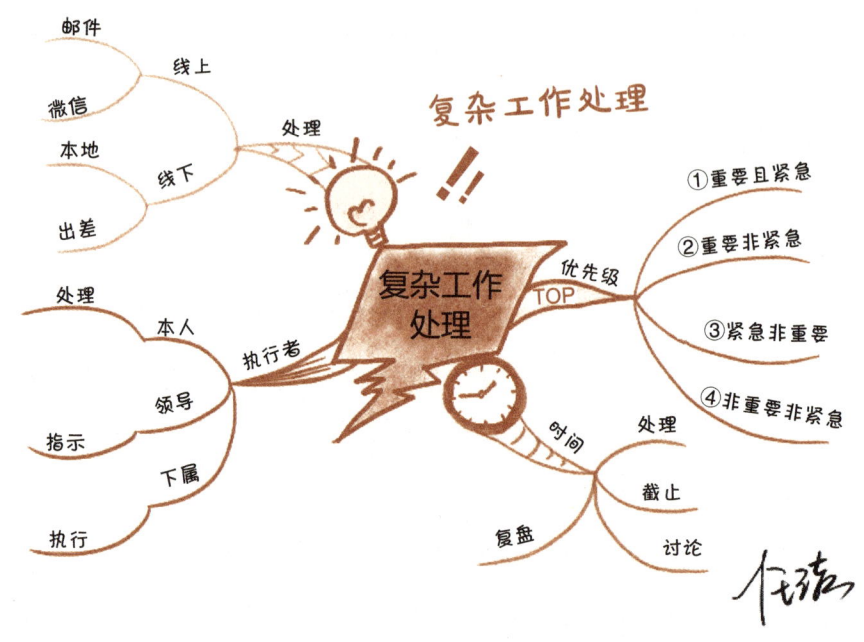

图 2-5　分类思维使复杂工作变得清晰有序

做分类时不断地问自己：分类边界是否清晰了？所做的分类是否符合 MECE 原则？

上下对应：严谨有力

我们在讲分类时，将标准图比作家谱。G 氏家族中有了 A、B、C 等组建的若干个小家庭后，小家庭中后代的名字要和自己家庭中长辈的名字相对应，不能串着写，因为那样就不符合上下对应的严谨性了。金字塔结构中每一个方框和下一个层级的方框都可以构成一个金字塔，每一个方框中的思想都可以被看作一个 G，它和它的下一层级是需要对应的（见图 2-6）。

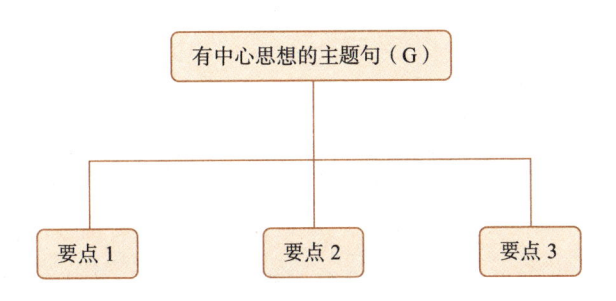

2 逻辑：金字塔原理开启逻辑思考的大门

图 2-6　G 的下一层级与 G 相对应

提升严谨性的上下对应关系

一份报告的主题是"2021 年采购部优化流程结构，实现降本增效"，该主题的关键词语有"优化流程""降本""增效"，这几个关键词语可以作为下一层级的内容（见图 2-7）。

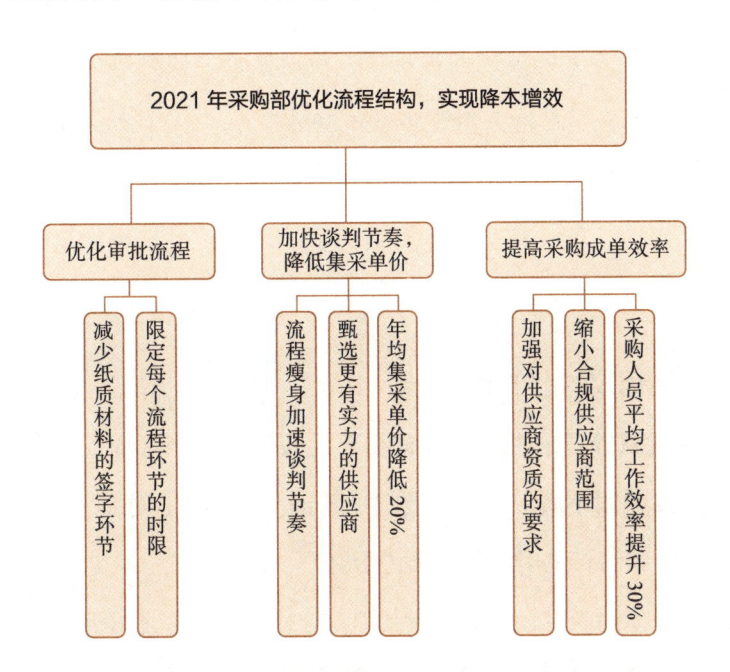

图 2-7　2021 年采购部优化流程结构，实现降本增效金字塔结构图

G 的下一层分别是"优化审批流程""加快谈判节奏，降低集采单价""提高采购成单效率"。

2021 年，采购部做得最突出的工作是优化采购的前期审批流程，具体措施是"减少纸质材料的签字环节"和"限定每个流程环节的时限"。如果某一环节的负责人没有在规定时限给出审批意见、签字确认，则视为工作可以进入下一流程。

通过这样的调整，采购部改变了内部流程拖沓冗繁的作风，与供应商的谈判节奏明显加快，从而让更有实力的供应商入围，这些供应商为了竞标成功，在价格战中竞争激烈，这也为我方降低采购成本提供了有利条件，结果是我方年均集采单价降低 20%。

同时，因为谈判节奏加快，有些资质不全或者备货不足的供应商因难以达到我方采购要求而被筛掉，使得比价、谈判等环节的工作效率提高，采购人员平均工作效率提升 30%。

我们可以看到，层级越向下，信息越详细，信息颗粒度越小。严格的上下对应，能让信息的逻辑结构更加严谨，条理更加清晰，事实支撑观点的效果更强。

增加话语权的上下对应关系

当你向领导请求资源时，你需要说服领导；当你向下属安排工作时，你需要说服下属；当你需要促成跨部门合作时，你需要说服同事；当你向客户销售产品时，你需要说服客户。在职场中，你总是需要尽量让别人接受你的观点，与你达成共识，这样你的工作才好开展。如果你利用金字塔结构组织你想表达的信息，那么上下对应的逻辑是否严谨直接决定了你所表达的内容是否准确且有说服力。

来看看下面这个例子。

这是一家海外奢侈品品牌代理机构的案例。他们希望组织一次沙龙，用 20 页左右的幻灯片向各级渠道商做一个 30 分钟左右的演说，销售他们公司的特许经营权（见图 2-8）。

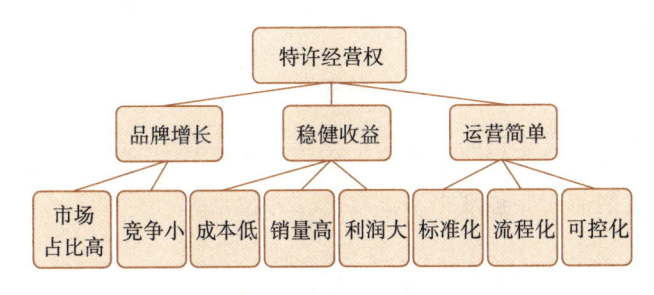

图 2-8 海外奢侈品品牌代理机构销售公司特许经营权

我们可以情景再现一下。假设我是演讲者，你是渠道商。当我在台上抛出主题，希望各位踊跃购买我们公司的特许经营权（G）时，坐在台下的你大脑中的第一反应是什么呢？有人要掏你兜里的钱，你的第一反应一定是抗拒的，会想："我为什么要购买特许经营权？买它对我有什么好处？"

我们接着来看这个金字塔的第二个层级：A——品牌增长；B——稳健收益，能产生积极的财务作用；C——运营简单，业务容易引入。

请大家仔细品读 G 与 A、B、C 之间的关系。我们可以将演讲者的 G 看作听众心里的问题，A、B、C 是演讲者给出的答案。如果听众不需要自己去找答案，只需要点头或者摇头，对接收到的答案表示同意或者不同意，那么他们就会觉得简单多了。

同样，我们也可以将 A、B、C 看作问题，将它们的下一级看作它们的答案。

问：如何证明你们的品牌能快速增长呢？
答：我们品牌的市场占比高、竞争小。
问：为什么说能给我们带来稳健的收益，能给我们带来积极的财务作用呢？
答：我们成本低、销量高、利润大。
问：为什么说你们的运营简单，业务容易引入呢？
答：我们的业务标准化、流程化、可控化。
…………

我们层层剖析，可以看出严格的上下对应关系。演讲者不断地剖析问题并给出答案，让问题的颗粒度越来越小，演讲的内容越来越具体。这会让听众的思路紧紧地跟着演讲者的逻辑，大大增强了演讲的说服力，让听众的认可度越来越高。也就是说，通过这样的逻辑组织想表达的信息，我们会在职场上有更强的说服力、更多的话语权。

降低理解成本的上下对应关系

再来看下面这份报告。目录中的二级标题和一级标题的内容严格对应（见图2-9）。这就体现了作者在写这份报告时，铭记着上下对应的准则，让阅读报告的人不用费力气，就能解读出报告的逻辑。不管是讲话，还是写文章，清晰的逻辑都会帮助受众降低理解成本，提高演讲者或者作者与受众的交互效率。

目 录

前言 .... - 5 -
1. 菜鸟诞生背景及投融资史 .... - 5 -
   1.1 菜鸟诞生背景：应对B2C快速提升的物流体验 .... - 5 -
   1.2 融资及投资历史 .... - 8 -
2. 菜鸟战略史：从天网、地网、人网到一横两纵 .... - 13 -
   2.1 菜鸟：物流公司？科技公司？ .... - 13 -
   2.2 初期战略：天网、地网、人网 .... - 13 -
   2.3 中期战略：全链条网络，包括快递、仓配、末端、国际、农村 ... - 14 -
   2.4 最新战略：第二个五年战略，"一横两纵" .... - 16 -
   2.5 菜鸟战略变化体现了阿里的核心利益 .... - 17 -
   2.6 菜鸟战略变化体现了核心能力和能力边界 .... - 17 -
3. "一横"战略的发展布局：快递行业的数智化 .... - 18 -
   3.1 菜鸟全面嵌入阿里电商，数智化为快递行业赋能 .... - 18 -
   3.2 消费者领域：菜鸟裹裹、菜鸟驿站 .... - 20 -
   3.3 快递企业领域：菜鸟天地、快递指数、路由分单 .... - 21 -
   3.4 商家领域：电子面单、橙诺达、丹鸟、发货平台、货到付款、物流跟踪、物流管家 .... - 23 -
4. 阿里与通达系快递：协作、互信、分工与共赢 .... - 26 -
   4.1 阿里与通达系快递，协作与平衡 .... - 27 -
   4.2 快递公司对菜鸟的态度，从疑虑到信任和拥抱 .... - 30 -
   4.3 菜鸟的使命是提升物流体验和效率，与快递企业是分工合作而非竞争 .... - 33 -
   4.4 菜鸟实操快递难度大，龙头企业底气足 .... - 34 -
   4.5 电商价值链中，快递占比很小，阿里不惧快递行业垄断 .... - 35 -
   4.6 拼多多的物流布局，能否复制菜鸟 .... - 36 -
5. 投资建议：菜鸟平台化运作，竞争中性，并且对行业有正外部性，继续看好快递龙头 .... - 37 -

图2-9 目录中的二级标题和一级标题的内容严格对应

排列有序：步步为赢

在G家族中，A、B、C在家族里是同辈的关系，也就是兄弟姐妹。那么，问题来了，同辈在家谱中如何排序呢？绝大多数家族的家谱都是按照年龄排序的，也就是年纪大的在前，年纪小的在后。不过，我在授课时，听过一个不同寻常的家谱排序规则。一位学员说，他家的家谱是按身高排的，一个家族中，个子最高的排在最前面，个子最矮的排在最后面。这也算是一种创新了。

不管按照哪种规则排，横向结构中同一层级的要素都要按照一定的内在逻辑排列（见图2-10），比如重要性顺序、时间顺序、项目推进顺序、地理位置由南至北或者由北至南的顺序等。这样才可以保证要素的排列不会混乱，有章可循，表达从容，让受众理解得清楚。

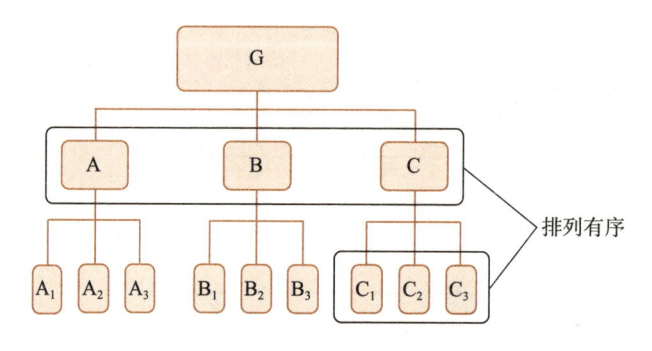

图2-10 排列有序

没有规矩，不成方圆。仔细观察，你会发现，排序无处不在。比如，超市摆放货品是有规则和顺序的，促销品一般在最显眼的货架上，畅销品一般在货架的中间层，低价商品一般在货架的底层；比如，集体合影时，最前排的中心位上一定是核心人物、领导或者重要客人；再比如，领导讲话时，顺序一般是"第一点……第二点……第三点……"。

现在大家看到的这本书的内容也遵循着一定的排序逻辑。在参考大家的思考习惯后，我将内容分成第一章、第二章、第三章等，逐步递进，由浅入深。

总之，排列有序是有逻辑结构的重要体现之一，梳理好排序逻辑，会让你在思考的过程中步步为营。在具体的应用场景中如何排序，我们会在第四章详细介绍。

3

表达：出口成章是因为脑中有图

大家常会羡慕这样的人——一张口就有理有据、有张有弛地侃侃而谈，自己说得明白，让别人听得清楚。表达的最高境界就是降低对方对信息的理解成本。心中有数，脑中有图，自然出口成章。

表达五步骤：点题 / 定锚 / 展开 / 重复 / 扣题

我们先来明确一下表达（包括沟通和写作）的五个步骤（见图 3-1）。

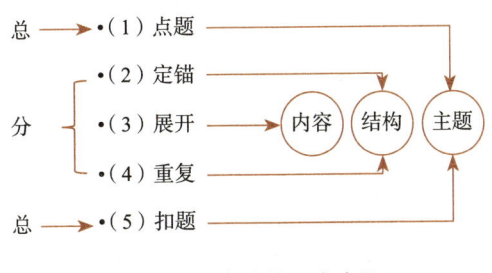

图 3-1 表达的五个步骤

第一步，点题。

要点出的主题，就是金字塔塔尖上的 G。我们多数情况下都需要开门见山地表达，说第一句话时，就要说出核心内容。比如："大家下午好，今天我分享的主题是'5G 时代下的数字化转型'。"听到这一句话之后，听众马上就能明白演讲者接下来要讲的所有内容都是围绕着"5G 时代下的数字化转型"的，这句点明主题的话为分享内容圈定了范围。

第二步，定锚。

想想生活中哪里会出现锚？船上。船在什么时候需要抛锚呢？要停下来靠岸的时候，船锚起到了固定船的作用。我们在说话时也需要先定锚，将话语的框架结构固定下来。这和盖房子时需要先打桩子一样，因此有些人也把我们说的话中的"锚"称为"表达中的桩子"。

锚点在标准图中对应的是A、B、C那一层。展开锚点就是横向结构搭建的过程。

我们常用的锚点数量是三个，大家在实际应用时，可以根据情况灵活调整。锚点不宜太少，也不宜太多。只有一个锚点，无法体现出横向逻辑的推进；一下列出八九个锚点，对方可能听不懂，也记不住，不利于将主题表达清楚。

锚点的选择是有标准的，需要符合MECE原则。例如，如果按照时间定锚，三个锚点可以分别是昨天、今天、明天，但如果将它们换成白天、上午、14点以后，就不合理了，因为它们之间有交叉的部分，不符合MECE原则。

第三步，展开。

根据锚点，展开具体内容，它们可以是事例、数据等。这些展开的内容对应的是标准图的第三层，是对第二层内容的解释说明。第三层的内容充分、准确，可以让中心论点更鲜明、更有力。

至此，我们完成了标准图的三层结构。其实根据需要，我们还可以继续向下扩展内容，直到扩展出的内容对主题形成充分支撑，当然，我们也要根据实际情况确定信息颗粒度的大小。

然而，对于完整的表述来说，具体内容的展开并不意味着结束。

相信大多数人从小学习语文时，都听老师说过：说话要有头有尾。我们展开内容后，要做"收"的动作，最好能做到首尾呼应。接下来的第四步和第五步就可以帮助我们做到这一点。

第四步，重复。

重复第二步中提到的锚点，并且在重复的过程中，将展开内容穿插在其中，体现展开内容和锚点之间的关系，这样可以让受众在头脑中把接收到的信息串联起来，增强记忆，明确信息之间的逻辑。

第五步，扣题。

做最后的总结并点题。可以说"通过以上三个方面，我为大家分享了'5G时代下的数字化转型'的内容"。

以上这五个步骤，运用的就是我们上学期间写作文时特别熟悉的"总—分—总"的结构。请大家启动形象化思维，你会看到一个正立的金字塔和一个倒扣的金字塔（见图3-2），它们一个塔尖朝上（G），一

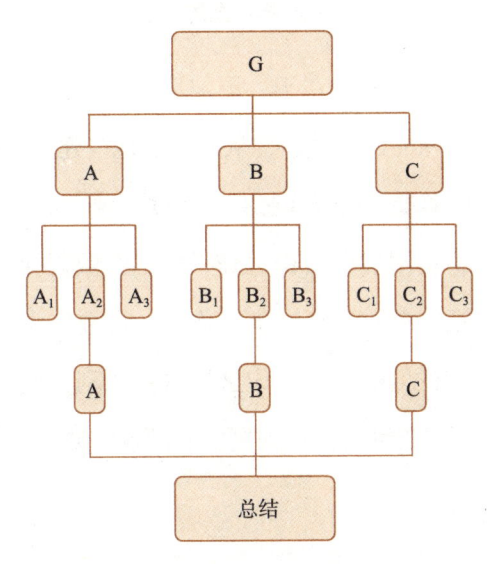

图3-2 表达的结构像金字塔及其倒影

个塔尖朝下（总结），就像卢浮宫及其在水中呈现的倒影一样。不需要死记硬背这五个步骤，将这个结构图印在脑海中，用形象思维带动抽象思维，就能轻松记住了。

接下来，我们来深度拆解一下标准图。我们可以将其结构拆分为纵向结构和横向结构。当然，我们也可以将其中的一些纵向结构和横向结构视为整个金字塔结构的子结构（见图3-3）。

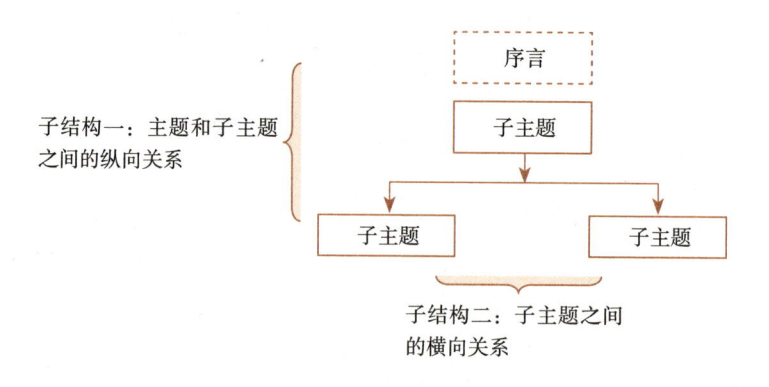

图3-3　标准图的子结构

深度拆解标准图的意义在于，更加清晰、透彻地厘清金字塔结构中各个组成部分之间的逻辑关系，从而灵活地搭建不同的金字塔结构，适用于不同的应用场景，更好地服务于实践。

在做推演时，运用横向结构更好一些；在做概括、总结时，运用纵向结构要更合适一些；在做销售工作时，用金字塔结构中的内容自上而下地回答客户的问题会让工作进展得更顺利一些。可见，灵活运用金字塔结构，可以帮助我们达到更好的做事效果。

拓展广度的横向结构

横向结构之间互相独立、互相依存（见图 3-4），符合我们前面讲的 MECE 原则。那么我们为了一步一步地向 G 的方向推进逻辑，在展开论述的过程中，可以用不同的横向结构。

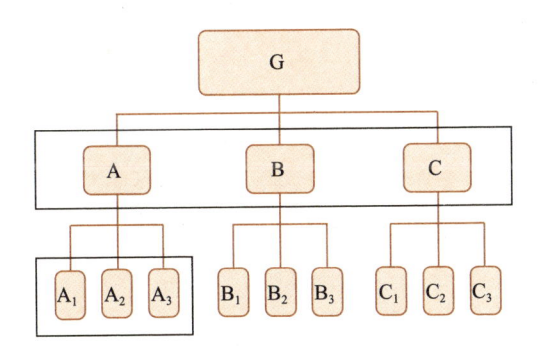

图 3-4 金字塔原理结构图横向结构

归纳与演绎，支撑主题更有力

从思维建构的角度，我们可以将横向结构分为归纳结构和演绎结构。在运用归纳结构时，我们需要从个别的事物中概括出一般性的概念、原则或结论；在运用演绎结构时，我们需要从普遍性的理论知识出发认识个别、特殊的现象。

并联的归纳结构，用规律支撑主题

我们先来看一个例子。

女孩小美喜欢布娃娃，

女孩小梦喜欢布娃娃,

女孩小乐喜欢布娃娃,

女孩小花喜欢布娃娃,

⋯⋯

所以大部分女孩都喜欢布娃娃。

大家能够清楚地看出,这一论证过程是"从个别到一般"的,属于归纳论证。

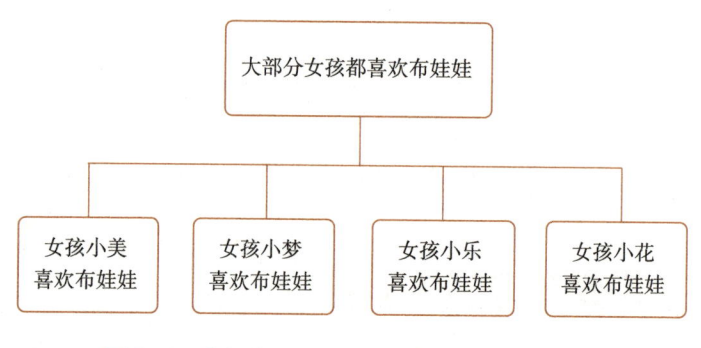

图 3-5　大部分女孩喜欢布娃娃的金字塔结构图

如果我们把图 3-5 最上面的框看作电灯泡(G),这张图就形似于一张并联电路图,且 G 是由下一层级的内容归纳出来的,所以我们把图中包含的金字塔横向结构称为并联的归纳结构。

我们可以看到,在这张金字塔结构图中,形容几个女孩喜欢布娃娃的句式相同,且由四个分句归纳出"大部分女孩都喜欢布娃娃"这个结论,下面的四个案例支撑了上面的 G。

归纳的思考方式在我们的生活中比比皆是。比如,我们从一些素材中总结出一般性规律或者原则的过程即为归纳。当然，这种归纳具有不完全性。我们在工作中，如果想做出这样的归纳，需要以大家公认的事实、数据等为依据。

串联的演绎结构，用论证支撑主题

我们还以女孩和布娃娃为例。

因为大部分女孩都喜欢布娃娃，小花是女孩，所以小花大概率喜欢布娃娃。

这就是演绎论证。这一段应用的是著名的三段论，根据一个一般性原则（大前提）以及一个附属于一般性原则的特殊化陈述（小前提），引申出一个符合一般性原则的特殊化陈述（结论）。大家最熟悉的例子是：

所有人（all men）都会死，苏格拉底是人（man），因此苏格拉底会死。

"所有人都会死"是大前提，"苏格拉底是人"是小前提，"因此苏格拉底会死"就是由这两个前提得出的结论（见图3-6）。通常，结论中会有"因此"这个词。在这个例子里，"人（men）"和"人（man）"这两个词被称为中项，"会死"是谓语，"苏格拉底"是主语。中项分别和主语、谓语连接，使两者结合成结论，但中项不出现在结论中。

```
大前提              小前提              结论
┌──────────┐      ┌──────────┐      ┌──────────────┐
│所有人都会死│ →    │苏格拉底是人│ →    │因此苏格拉底会死│
└──────────┘      └──────────┘      └──────────────┘
```

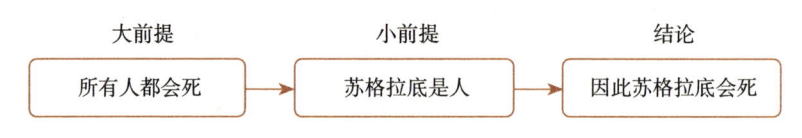

图 3-6　苏格拉底会死"三段论"示意图

我们可以总结出一个演绎公式：

所有 A 都是 B，C 是 A，因此，C 是 B。（其中谓语可以根据需要变化。）

我们可以用任何词语来替换这个演绎公式中的 A、B、C。比如，我们把 A 换成"贵公司"，B 换成"方案"，C 换成"我们"，那么就可以将公式填补为：贵公司需要这样的方案，我们可以提供这样的方案，因此贵公司可以选择和我们合作（见图 3-7）。

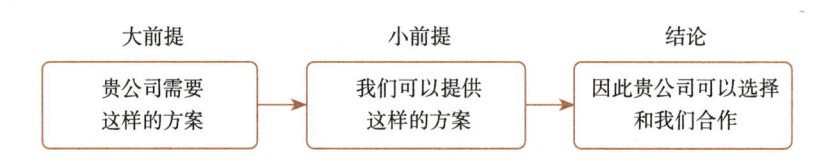

```
大前提              小前提              结论
┌──────────┐      ┌──────────┐      ┌────────────┐
│贵公司需要 │ →    │我们可以提供│ →    │因此贵公司可以│
│这样的方案 │      │这样的方案 │      │选择和我们合作│
└──────────┘      └──────────┘      └────────────┘
```

图 3-7　贵公司可以选择和我们合作"三段论"示意图

这是由标准的大前提、小前提和结论构成的三段论。演绎结构的标准式就是大前提—小前提—结论。大前提、小前提和结论构成的结构图形似串联电路，既然是串联，就哪里都不能断，否则演绎过程就不成立了。

那么，我们在日常生活中应用演绎结构时，是不是也要每次都把大前提、小前提和结论一个不漏地说清楚才可以呢？

我们就用这个寻求合作的例子来分析一下。如果不说"贵公司需要这样的方案"这个大前提，直接跟客户说"我们可以提供这样的方案，因此贵公司可以选择和我们合作"，可不可以呢？貌似没有什么不妥。但不是说串联的演绎结构中，环节之间的关联都不能断吗？这又是怎么回事呢？大家可以思考一下，是不是在一些情境中，有些东西可以隐去呢？

上文中省略大前提的做法叫作"隐去不说，没有切断"。也就是说，当演绎结构中有一部分属于沟通双方的共识，即使不说这部分也不影响意思的传递和表达时，我们是可以在和对方交流的过程中省略这部分的。

在这个例子中，双方都知道那家公司需要这样的方案，接下来要讨论的是谁来做这个方案的供应商。因此，在这样的沟通中，不说大前提不会对结论产生影响。

下面再来看，如果把小前提隐去可以吗？

我是一位女士，我们来假设一个情境。

有一天，我在大街上和一位男士产生了一点矛盾，我特别生气，想跟他大吵一架。他看了看我，扔下一句"好男不和女斗"，转身就走了，我们也因此没吵起来。那么，在这个情境中，大前提、小前提和结论分别是什么呢？

"他是男，我是女"是小前提，这是一目了然的，也是共识。所以，当他说出了大前提"好男不和女斗"时，在场的人也就能很自然地想清楚"他不想吵架，转身离开"（见图3-8）的态度和动作。

大前提 → 小前提 → 结论

好男不和女斗 → 他是男，我是女 → 他不想吵架，转身离开

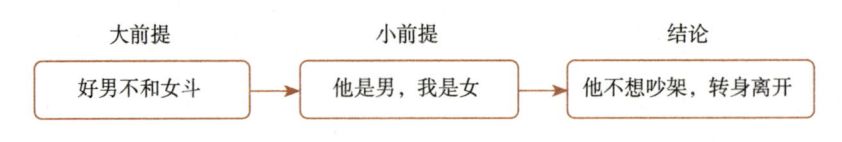

图 3-8　不想吵架"三段论"示意图

由此可见，在实际应用时，大前提、小前提不一定要以有形的形式存在。如果我们和对方心照不宣、心有灵犀，那么直接讲结论也是没有问题的。

我们在平日里，分析问题出现的原因、寻找解决方案时，还经常会用到另外一种演绎形式：现象—原因—解决方案。

比如某地出现雾霾现象，空气污染指数上升，有时天空中烟雾弥漫等。究其原因，我们发现当地空气中的有害颗粒主要来自工厂未经处理就排放的浓烟。因此，加强对工厂的监管是简单、有效的解决方案（见图 3-9）。

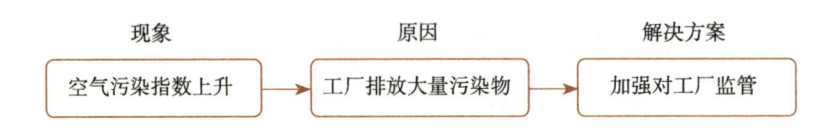

现象 → 原因 → 解决方案

空气污染指数上升 → 工厂排放大量污染物 → 加强对工厂监管

图 3-9　解决空气污染指数上升的演绎

下面来看看演绎论证的两种形式的案例。

练 习

阅读下面这段著名论述，理出其中包含的演绎结构。

人总是要死的，但死的意义有不同。中国古时候有个

3 表达：出口成章是因为脑中有图

文学家叫作司马迁的说过："人固有一死，或重于泰山，或轻于鸿毛。"为人民利益而死，就比泰山还重；替法西斯卖力，替剥削人民和压迫人民的人去死，就比鸿毛还轻。张思德同志是为人民利益而死的，他的死是比泰山还要重的。

（节选自《为人民服务》）

解 析

这一段表述显然采用了标准式的演绎论证。但是很多学员在读这一段时，找不到主题是什么，错误地认为"死的意义"是这段话的主题。但仔细想一下，我们就会发现，如果"死的意义"是主题的话，那么这段话中接下来的内容是无法演绎出来的。《为人民服务》的主要目的是，表彰张思德同志是为人民的利益而死的，他的死是比泰山还重的，所有内容都围绕这个主题展开。找出了主题，再搭建演绎结构，进行演绎论证就比较容易了。"为人民利益而死，就比泰山还重"是大前提，"张思德同志是为人民利益而死的"是小前提，因此，"张思德的死比泰山还重"，我们从C继续推，就可以推出A、B、C上一层的G（见图3-10）。

```
                    G
        ┌─────────────────────┐
        │ 张思德同志是为人民利益而死的，│
        │ 他的死是比泰山还要重的  │
        └─────────────────────┘
          ↑                ↑
    A           B              C
┌──────────┐ ┌──────────┐ ┌──────────┐
│为人民利益而死，│→│张思德同志是 │→│张思德的死比│
│就比泰山还重 │ │为人民利益而死的│ │泰山还重   │
└──────────┘ └──────────┘ └──────────┘
```

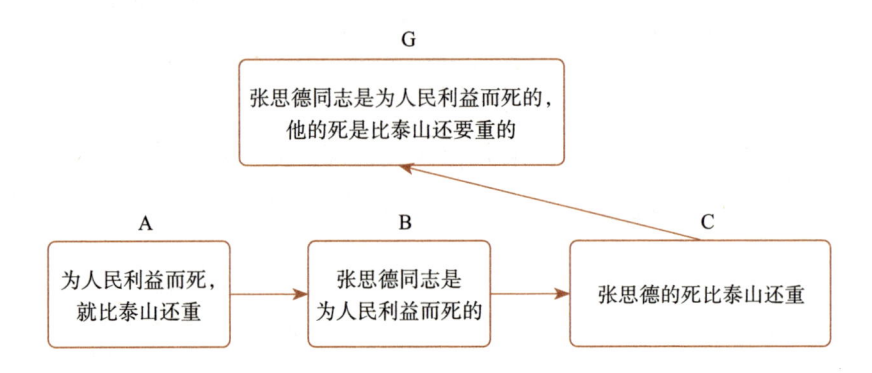

图 3-10　关于《为人民服务》节选的演绎论证

练 习

阅读下文，理出其中包含的演绎结构。

抑郁症患者的消极情绪使患者的生活毫无乐趣。这常常表现为对日常活动（包括业余爱好和娱乐活动）的兴趣显著减退，感到生活无意义，对前途悲观失望，常沉思过去不愉快的事，遇事常往坏处想，自觉懒、无力，精神不振，反应缓慢，对工作、学习缺乏信心，自我评价变低，对赞扬、奖赏无相应的情绪反应，不愿主动与别人交往，常唉声叹气，易伤感流泪或愁容满面，甚至有自杀的念头。

抑郁症虽然还没有被完全理解，但是逐渐增多的证据支持一种观点，即抑郁症患者缺乏一种大脑神经递质——在大脑中能使神经细胞相互传导信号的一种化学物质。很多科学家相信缺乏 5- 羟色胺这种神经递质是抑郁症的形成和加重的非常重要的因素。

百优解可以选择性增加大脑的 5- 羟色胺，从而安全有效地控制抑郁症症状。一些抗抑郁症药物除了影响 5- 羟色胺之外还影响其他几种神经递质，而百优解只选择性地影响 5- 羟色胺，所以与其他药物相比，它引起的副作用更少。百优解能够有效控制抑郁症的症状，使广大抑郁症患者康复，从而提高生活质量。

解 析

这篇文章中的逻辑结构是常见的现象—原因—解决方案式的演绎结构。其中现象是"抑郁症患者情绪消极，感觉生活没有乐趣"，这在第一句就已经点明了。第二段指出了现象产生的原因是"大脑缺乏一种神经递质"。接着，第三段给出了解决方案——"百优解这种药物可以选择性增加大脑的这种神经递质，从而安全有效地控制抑郁症的症状"。

这些文字源于药物原理说明书，和我们日常熟悉的药物使用说明书不太一样。为了让大家更好地理解这些专业性的文字，我们采用演绎结构来梳理文字的逻辑（见图 3-11）。

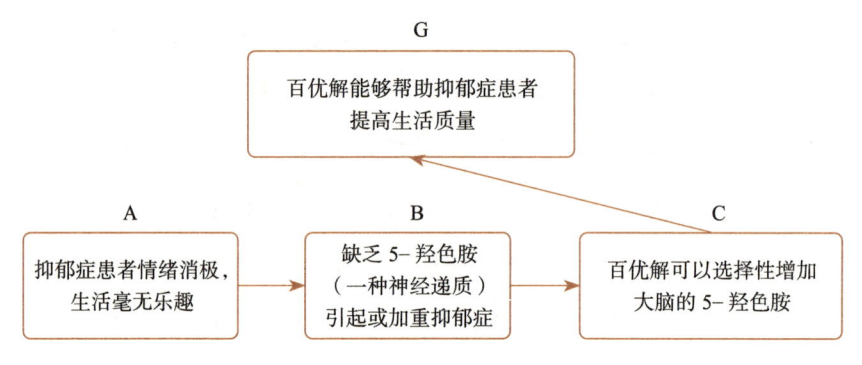

```
                    G
           ┌─────────────────┐
           │ 百优解能够帮助抑郁症患者 │
           │   提高生活质量    │
           └─────────────────┘

    A              B              C
┌──────────┐  ┌──────────┐  ┌──────────┐
│抑郁症患者情绪消极,│→│缺乏 5- 羟色胺 │→│百优解可以选择性增加│
│ 生活毫无乐趣 │  │(一种神经递质)│  │  大脑的 5-羟色胺 │
│          │  │引起或加重抑郁症│  │          │
└──────────┘  └──────────┘  └──────────┘
```

图 3-11 关于百优解的演绎论证

六种横向结构，个个有优势

通过前文提到的五个步骤，我们可以看到锚点的重要性。它们对整个金字塔结构起支撑作用。根据金字塔结构的不同应用场合，我们可以用不同的逻辑定锚。在此为大家介绍六种经典的锚点横向结构，分别是时间结构、位置结构、要素结构、钟摆结构、变焦结构和递推结构。

这六种横向结构侧重表达不同的信息，体现不同的思维方式，但它们的共同目标都是更好地支撑 G。

时间结构、位置结构、要素结构——最实用

（1）时间结构

时间结构（见图 3-12）通过时间的变化来搭建 A、B、C 的逻辑

图 3-12 时间结构

框架。这种结构比较简单，几乎随处可用，受众接收这种结构中的信息也相对轻松。比如，过去、现在、未来可以构成一个横向结构，少年、青年、老年，早上、中午、晚上，9点、10点、11点，第一阶段、第二阶段、第三阶段，等等，都可以构成横向结构。

假设你是刚到公司工作一个月左右的新员工，董事长走到你的身后，突然问你："来公司这段时间感觉怎么样啊？"你完全没准备，头脑里一片空白，不知道应该说点什么，那么你第一个想到的组织A、B、C的逻辑结构就应该是适用性特别强的时间结构。你可以这样回答："领导，来公司之前，我有八年的本职位相关工作经验，基本可以独当一面；加入公司的这段时间，我深深感受到了大公司的正规性和高效率，正在加紧学习；未来，我会严格要求自己，相信很快，公司就可以看到我的努力和成绩。"

这次口头汇报的三个锚点分别是入职前的经验、入职后的感受、对未来的规划（见图3-13）。按照时间顺序，清晰地表达了对公司的认可、现在的感受和未来对自己的要求，相信这也是领导希望听到的。

图3-13　向领导汇报的三个锚点示例

再举一个例子。

如果领导临时委派你去为来访客户介绍一下公司的发展历程，你会如何讲呢？

可以参照以下这段话来说：

"十年前，我们还是只有三名员工的小公司；现在，我们已经发展为有上千名员工的中型企业，在很多领域都有专利产品和专利技术；我们规划在十年后为本市提供上万个就业岗位，让公司的发展上一个新的台阶。"

这段介绍中的三个锚点分别是十年前、现在和十年后，构成了典型的时间结构。

时间结构既简单，又好用，但用的时候，要注意三点。

第一，锚点一般不少于三个，这样能更好地体现时间的推进。

第二，可以正叙，也可以倒叙，但是不能乱叙。

第三，当确定使用时间结构之后，就要按照时间结构叙述下去。

以时间顺序叙述事情是大多数人头脑中已经具备的思维习惯，我们基本不需要刻意准备，就能运用时间结构来整理信息。善于使用时间结构有助于锻炼我们合理规划的能力，让我们具备良好的时间观念。

（2）位置结构

位置结构（见图3-14）即以空间的变化来推进内容表达的逻辑结构。

图 3-14 位置结构

大家小时候学过一篇叫《荷塘月色》的课文吗？如何能够记住这篇文章呢？最好的办法不是摇头晃脑地死记硬背，而是想象自己是朱自清，先到了哪儿，那里有什么；然后到了哪儿，那里又有什么。"曲曲折折的荷塘上面，弥望的是田田的叶子……薄薄的青雾浮起在荷塘里……荷塘的四面，远远近近，高高低低都是树……"写了荷塘中是什么样的，又写了荷塘的四周是什么样的。作者随着空间的变化为读者描绘出一幅幅不同的荷塘图画，特别容易让人产生深刻的印象，描述这些图画的文字也结构清楚，自然容易让人记住。

北京、上海、广州，餐厅、客厅、卧室，美洲、欧洲、亚洲，华南、华中、华北，等等，都可以作为位置结构中的锚点。

小李是上海人，在上海的一家公司上班。他的一位新同事不是本地人，国庆节放假前，新同事问他："上海哪里好玩啊？"他该如何回答呢？在这样的时候，用位置结构最合适了。

他可以说："公司所在的黄浦区，有南京路、人民广场……黄浦区对面的浦东新区也不错，有陆家嘴、东方明珠……你也可以考虑去清静一些的郊区，比如松江区，那里有大学城、欢乐谷……"

在使用位置结构时，我们一般要用比较精准的地理位置。之前有学员问我："老师，如果我用天堂、人间、地狱来搭建位置结构，合不合适呢？"我劝她慎用。表面上，她说出了三个空间，实际上，这三个空间不够具体。我们很难想象出天堂是什么样子，当然也不知道地狱是什么样子。如果想表达得具体，建议用现实中的地点，尤其是一些标志性建筑。比如，说到天安门、东方明珠、"小蛮腰"，听众自然就会想到北京、上海、广州这三个城市，这样和听者沟通起来就没有障碍了。

有一次，我给福州奔驰公司的员工上课。当讲到位置结构时，有一位学员忽然说："老师，BBA。"我一愣，问他："什么是BBA啊？"他说："就是奔驰、宝马、奥迪呀！这是在位置结构里可用的锚点吗？"我回答："这不是，这是三个品牌，不能代表三个地理空间。"

当然，还有人说，上、下、左、右或东、南、西、北是位置结构里可以用的锚点吗？这些听起来都是描述位置的，但它们不是严格意义上的位置结构中的锚点。因为在没有明确参照物的前提下，只讲上、下、左、右或东、南、西、北是说不清楚具体位置的。只有选定了参照物，说上、下、左、右或东、南、西、北才能将位置表达清楚。

（3）要素结构

要素结构（见图3-15）即通过若干角度或支点来支撑中心思想的逻辑结构。

这种结构在我们的日常表达中特别常见。因为它能够很好地呈现观点，展现全面看待问题的能力，在应对紧急状况和毫无准备的情况下非常适用。

图 3-15　要素结构

一份工作报告的内容非常丰富，但是逻辑不清楚，看起来就会比较乱；如果报告重点突出，分点详细，那么即使其中的内容很多，看起来也不会感觉乱。要素结构容易让报告逻辑、条理清晰，有理有据。

领导必须有计划力、执行力、前瞻力。计划力就是……执行力就是……前瞻力就是……

讲师要想把课程讲好，离不开三点：编、导、演。编就是……导就是……演就是……

这些就是应用了要素结构的句子。

有一次，我为一家上市制药公司的员工做思维拓展，一位部门经理说出了他的苦衷。

他是公司销售部的负责人，部门里有十几位员工，他们每个季度会召开一次部门总结会。部门总结会对他们来说很重要，涉及本季度的销售情况和任务完成情况的总结，以及下季度任务和资源分配的部署，与大家的奖金息息相关，所以大家特别重视每个季度的这次会议，会在会议上充分表达，一般在外地跑业务的同事也都会回来参会。

在一次部门总结会上，他请每位员工讲一讲这个季度的收获和困难。大家你一言我一语地说起来。

有人说，受疫情影响，销售额一直无法提高，这个季度的销售任务完成情况不理想是大环境造成的；有人说，现在医院管控得特别严格，开发新的客户太难了；有人说，很多医生不愿意用新药代替旧药，所以，新药的销售指标很难达成……

当然，也有一些销售员反馈了不太一样的情况。

有人说，有疫情的时候，有些药特别受欢迎，比如增加抵抗力的药、清洁环境和衣物的杀菌药品，等等；有人说，如果能将新药与旧药的差异梳理清楚，让医生了解两者之间的不同点，很多医生还是会选择新药的……

一群人在很短的时间内说了很多信息，他作为负责人却很难迅速梳理出头绪并现场给出回应，这对他的职场威信力是一种挑战。那么，怎样才能一张口就讲得有水平、条理清楚呢？

他作为部门的负责人、会议的主持者，要想在大家混乱的发言中快速组织出自己的讲话思路，首选的就是要素结构。

他可以这样讲：

"根据本季度的销售报表，以及大家现场反馈的信息，我了解到目前的情况是这样的：

"疫情给推广新药、开拓新客户带来不少困难，但我们也要找到顺应形势、积极应对的办法。

3 表达：出口成章是因为脑中有图

"第一，疫情是所有人都要面对的。现阶段，我们面对疫情时的心态，不但决定了我们的工作态度，更决定了我们的工作方向。

"第二，推广新药是今年公司的工作核心。梳理已有客户，寻找突破口，是我们高效工作的方法之一。

"第三，我们要积极拓新。这是一个老生常谈的话题，只有不断开发新客户才能保障业绩的持续增长。大家可以集思广益，开展头脑风暴，开发多渠道，开拓新方法。

"销售工作是一项需要不断迎接挑战的工作，需要我们有足够高的使命感。我相信，我们部门里每个人都是好样的！高业绩代表高收入，意味着高成就感。期待大家下一季度表现得更精彩！"

很明显，这是个总—分—总结构的总结式发言（见图3-16）。

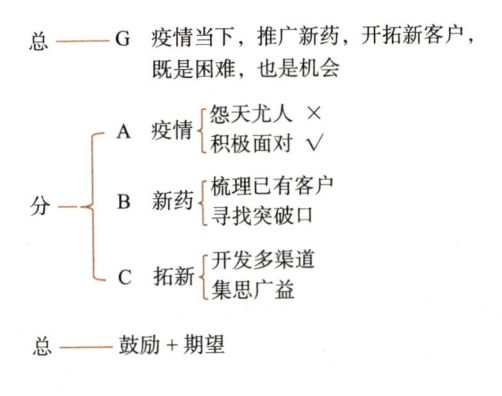

```
总 —— G 疫情当下，推广新药，开拓新客户，
          既是困难，也是机会
         ┌ A 疫情 ┌ 怨天尤人 ×
         │         └ 积极面对 √
    分 ─┤ B 新药 ┌ 梳理已有客户
         │         └ 寻找突破口
         └ C 拓新 ┌ 开发多渠道
                   └ 集思广益
总 —— 鼓励 + 期望
```

图3-16 总—分—总结构的总结式发言

要素结构非常适用于毫无准备、需要临场应变的情况。

有一次，我正在给一家大型集团公司授课，门开了一条小缝，有个人向里望了一下。那次课程的班主任，也就是那家集团公司的HRD

（人力资源总监）发现推门的是他们的老总时，觉得这是一个鼓舞大家士气的机会，于是临时邀请老总给大家讲几句话。那次培训本来没有安排老总出席，面对临时的安排，估计老总心里想的是："我就路过看一眼，怎么还让我讲话呢？没有准备啊。"但大家都鼓起了掌，等待老总讲话，老总也不好过分推托，于是开始临场发挥："好吧，那我就简单讲三点……"其实，这是很多人讲话的特点。即使没想好讲什么，也习惯性地一张口就是"三点"。但如果没想出要讲什么，这就相当于给自己挖了三个坑。要想把坑填上，就要种三棵树，也就是说，要讲三项内容。

老总清了清嗓子，开始讲："第一点，（老总瞄了一眼横幅，上面写着'××年度中层领导干部思维拓展培训班'）思维很重要，指导我们的一切行为和决策，公司给大家安排这个培训，非常好！"

第一点讲完了，第二点讲什么呢？看这位老总的神情，我就知道他在讲第一点时，在拼命地动脑筋想第二点。

"第二点，……"讲完了第二点，该讲第三点了。

可惜老总发挥得欠佳，虽然急中生智，但是讲完了第二点，也没想出第三点来。

这时，应该怎么办呢？

其实，有几种备用的要素，可以作为老总的第三点发言素材。

①总结（重申，强调）。把前面讲过的亮点、重点再说一遍。

②期望（展望，祝福）。如"希望大家学有所成，学有所获，将来学以致用……"

③致谢。如"感谢各位同事利用周末时间来学习，感谢人力资源部门的精心安排，感谢老师不远千里前来答疑解惑……"

④任务（要求，作业）。如"针对本次培训，我给大家提几点要求/布置几项任务……"

⑤互动（提问，答疑）。如"接下来，哪位同事愿意分享一下心得啊？大家还有什么问题/要求啊？……"

时间结构、位置结构和要素结构这三种横向结构非常简单，也非常实用。下面我们来做一个阶段性的总结，尝试用这三种结构来说同一件事情，看看区别在哪里。

我们以一个孩子想请爸爸给他买一辆自行车为例。

第一种说法（时间结构）：

爸爸，我想要一辆自行车。（总）

三年前，你就答应我，会给我买一辆自行车，不过，那个时候你说我还太小，学不会骑自行车；一年前，你也答应我，会给我买一辆自行车，不过，你说我要考到班级前十名，才给我买；现在，我长大了，也考进了班级前十名。（分）

你可以给我买自行车了吧？（总）

第二种说法（位置结构）：

爸爸，我想要一辆自行车。（总）

楼上的小红有她心爱的自行车，楼下的小刚早早就骑上了自行车，隔壁的小明总是骑着自行车在我旁边"耀武扬威"。（分）

所以，我也想要一辆自行车。（总）

第三种说法（要素结构）：

爸爸，我想要一辆自行车。（总）

第一，你要信守承诺。三年前你就答应我会给我买自行车，现在你要兑现诺言。第二，骑自行车可以强身健体。我想把我的身体锻炼得棒棒的。第三，学骑自行车是我的兴趣。骑自行车是一项体育运动，也是我最感兴趣的一项运动。（分）

所以，我想要一辆自行车。（总）

这三种结构各有侧重点，无论用哪一种，都能帮助我们将信息梳理清晰，让我们的表达更加有力。

钟摆结构、变焦结构、递推结构——更深入

（1）钟摆结构

老式挂钟的钟摆，左摆一下，回到中间，右摆一下，再回到中间，和我们接下来要讲的这种思维结构很像，我们把由这种思维搭建出的横向结构称为钟摆结构（见图 3-17）。比如，"有的人认为……有的人认为……而我觉得……"就是典型的钟摆结构。**它是通过若干观点的**

图 3-17　钟摆结构

碰撞,将思维推进至中心思想这一过程而搭建出的结构。我们在描述多元的观点并表达自己的中立观点时,通常可以用这种结构。

我们一起来看几个例子。

《论持久战》中有这样一段话:"中国会亡吗?答复:不会亡,最后胜利是中国的。中国能够速胜吗?答复:不能速胜,抗日战争是持久战。"

其中包含的钟摆结构是:有人认为抗日战争能速胜,有人认为抗日战争不能速胜,而我认为抗日战争是持久战。

有人说茶品之有味,有人说茶索然无味;有人说茶品乃甜,有人说茶品乃涩。有人说茶之味,乃凭茶叶之好坏,但是我说,茶味乃由心生,心若觉苦,茶必苦,心若觉甜,茶,必饮之有味。品茶者,乃历生活者也!

(来自网络)

钟摆结构共有两类:温和型和激进型。我们通过例子来看看两者之间有什么区别。

温和型钟摆结构:

VIP 钻石卡享有顶级的服务和优惠,但是卡费很高;VIP 银卡可提供的服务和优惠有限,但是卡费比较低;VIP 金卡包含的服务和优惠项目最实用,费用适中,建议您选择。

激进型钟摆结构：

> 孙悟空虽然能力强，但是脾气暴躁，不谦虚；沙和尚倒是勤勤恳恳，任劳任怨，可一点儿个性都没有；猪八戒就不同，幽默活泼，社交能力强，我觉得比孙、沙二人强多了。所以，我喜欢猪八戒。

上面这两个例子很好地阐述了温和型钟摆结构和激进型钟摆结构的区别。

温和型钟摆结构是用折中的方式构成的。比如，现在我国推行延迟退休政策，根据性别、岗位、地区等，分类、分阶段实施。这就是一种折中的方式，既有序地推动了延迟退休政策的实施，又照顾了各地不同的民生情况，让大家能更好地接受这一政策。

激进型钟摆结构是由不采用他人观点，而做出另外一种选择的方式构成的。比如，各个国家对肆虐全球的新冠疫情的态度不尽相同。有的国家采取完全放任的政策，以感染后免疫的方式达到防疫的效果；有的国家关闭了国门，断绝一切与其他国家的往来，从而隔离病毒；有的国家则在积极研发疫苗的同时，做好全民防护和相关知识普及的工作，积极应对疫情。

其实，搭建钟摆结构的思维用得好，能很巧妙地解决我们身边的很多问题。

比如，我们可以用钟摆结构向大家宣布公司对员工集体旅游地点的选择。

我们公司每年都会组织员工集体旅游。组织旅游其实特别麻烦，毕竟众口难调，但是我们的工会主席说话的水平很高。他是这样说的："又到了一年一度的旅游季节，经过大量调研，有人主张去海边，觉得海边比较浪漫；有人主张去山上，觉得山上空气新鲜……最后，我们结合了大家的意见，决定去××山上那个位于湖边的度假村！"

比如，我们可以用搭建钟摆结构的思维来考虑买房问题。

就购房投资来说，一些人认为，现在各个城市的房价已经普遍达到最高点了，不宜买房；一些人认为，中国经济依然向好，固定资产不会贬值，房产是最值得投入的。其实，拓展一下思考的维度，跳出极端思维的局限，平衡两种想法，想一想，净流入人口多、经济发展迅速、有国家发展政策大力支持的城市的房子是不是更具有投资潜力呢？

就刚需购房来说，一些人认为，如果经济条件不允许，就买个"老破小"过渡一下，缓解压力；一些人认为，砸锅卖铁也要一步到位。然而现实中，在购买"刚需房"时，我们可以综合考虑，自己能接受的价格、房子交通的便利性和周边配套设施等，还可以用贷款的方式缓解经济压力。

再比如，我们如果想读博士，可以用搭建钟摆结构的思维来考虑读全日制博士，还是非全日制博士。

几年前，我在考虑读博士时，就遇到了这样的困扰。读全日制博士可以心无旁骛地专心于学业，会与老师、同学有更多的交流，对提升专业能力肯定大有好处，但是需要出国三年，那样就完全照顾不了家庭，也兼顾不了目前的事业。读在线博士学位，可在国内学习，时间比较自由、灵活，花费的钱也会较少，但是学习效果一定会打折扣，和老师、同学的感情交流及学术交流也特别受限。最后，我用搭建钟摆结构的思维分析了一下，选择了在上海线下上课并在线上听国外课程，既有在每月一次的课上与老师、同学见面交流的机会，又能学习到国际上的前沿知识，而且学习时间和费用都相对合理。班上的同学多数都是各个行业的精英，大多在国内有自己的事业和家庭，这种方式对我来说，就是学习知识、提升学历的最好方法。

可以说，钟摆结构是一种很聪明的思考方式，它会让我们不盲目跟随某一种极端，而是在参考其他情况以后，做出自己的判断和选择。这样的思考方式更加灵活，能激发创新思维，能让我们的思维结构和谈吐上一个台阶。

（2）变焦结构

从远处看……从近处看……

从大处看……从小处看……

从微观的角度看……从宏观的角度看……

从国家的角度看……从公司的角度看……从个人的角度看……

这些都是包含变焦结构（见图3-18）的句子，是通过若干镜头及视野的变化来推进表达的。通过"远镜头",我们能拥有更宽广的视野,处理敏感或保密信息,证明选择决定的合理性;通过"近镜头",我们能着眼于具体细节,反驳一概而论的说法,将宽泛的认识具体化。

图 3-18 变焦结构

这种结构具体怎么用呢?如果你想突出一件事情的重要性,或者从更高的视角看问题,就从小往大说;如果想大事化小,小事化无,就从大往小说。

如果你要批评一个人,怎样做能让他真正认识到自己的错误呢?那就要从小往大说。一位总监批评迟到的下属时,是这样说的:"迟到这件事情,从个人角度讲,是习惯问题;往大了说,你反复迟到说明你们部门的管理制度不够严格;再往大了说,这也证明了我们公司在监督制度方面还存在很大的漏洞。"个别人迟到的现象被领导上升为公司监管制度问题,就是由小到大看问题的过程。

有人说这有点上纲上线或者是在扣帽子。确实,如果不能很好地运用变焦结构，就会给人这样的感受。我们面对问题时，要看是否有必要运用变焦思维，变焦到什么程度是对解决问题有帮助的。

下面我们来看一个从大往小说的例子。

> 新冠疫情是全人类需要共同面对的一件大事。作为一个普通人，我能不能仅用自己的力量战胜它呢？很显然，不能。那么我能做些什么呢？我只能保护好我自己，戴口罩，勤洗手，打疫苗，不传谣，不信谣。抗击新冠疫情是一件大事，我先保护好自己，就算是为这件大事做出贡献了。

面对同一件事情，变焦方向不同，事情就可能会朝着不同的方向发展。

一位乘客在乘坐某航空公司航班时，发现椅子上有没有清理干净的咖啡渍。他把空姐叫过来，指着咖啡渍说："你看，头等舱的座椅上竟然有咖啡渍，你们的保洁工作做得也太不合格了。这说明你们的管理很混乱。这样的管理怎么能保证飞机的安全？你为飞机上这几百个人的生命想过吗？我们每个人背后都有家庭，有社会关系网。你们这样下去，谁还来坐你们的飞机？"这就是典型的从小往大说。

同样是在飞机座椅上发现有咖啡渍，另一位乘客觉得这也没什么，可能只是相关工作人员打扫卫生时疏忽了。一张椅子上有咖啡渍，不代表每张椅子都有污渍，这不是什么原则性问题。发现咖啡渍，让做清洁工作的人过来清扫干净，并提醒他们下次注意就可以了（见图3-19）。

3 表达：出口成章是因为脑中有图

视野 缩小 ｜ 视野 放大

无心之失 ← 非原则问题 ← 咖啡渍 → 卫生 → 管理 → 安全

反驳一概而论　　　　　强调严重性

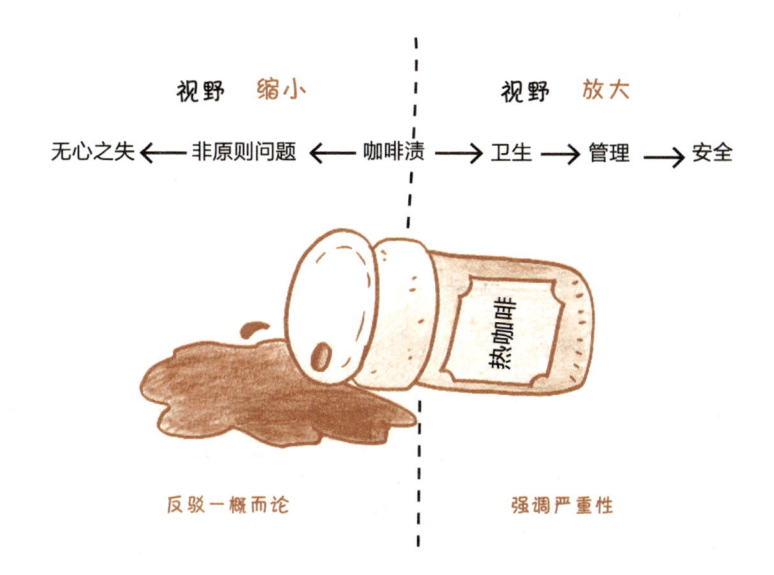

图 3-19　发现飞机座椅有咖啡渍的两种不同态度

我大学刚毕业时入职的第一家公司是戴尔公司，当时我供职于 HR 部门，做招聘助理（recruiting coordinator）。那时我的工作内容很简单，主要包括在招聘网站上发布职位、搜集简历、安排面试等人力资源方面的基础工作，以及管理招聘网站的供应商。

入职的那年年底，一家国内知名招聘网站负责人联系我，说他们每年都会给甲方邮寄一些新年小礼物，让我把邮寄地址发给她。我听到她说他们公司每年都会这样做，就没多想，把我所在公司的地址和我的联系方式发了过去。没过多久，我就收到了快递包裹，里面无非是带着他们公司标识的本、日历、签字笔等。我签收了包裹，就将这些东西随手放在工位的桌子上，去忙了。

谁知第二天早上，我刚打开邮箱，就看到一封投诉我收受乙方公司贿赂的邮件。那封邮件措辞严厉，说我刚入职半年，就收乙方的礼物,无视公司有关廉洁的制度规定,让公司的名誉受损……最开始收到邮件的是部门经理,然后是公司廉洁制度管理部门的负责人,接着是公司法务人员,最后是戴尔公司大中华区最大的领导。刚入职场的我吓坏了,觉得自己可能做了不可饶恕的事情。

我马上找到我的直属领导,把这件事的原委讲了一遍,并给他看供应商与我谈话的内容,以及我收到的物品。领导看了之后,长舒一口气,说:"我还以为给你邮寄了什么大额礼品呢。公司有规定,我们可以接受20美元以下的乙方公司礼物。这一方面体现我们对他们公司的肯定,另一方面也能给未来的长期合作打基础。维护好我们与合作方的关系,是有助于我们做好工作的,你的做法没问题。"这位领导明确地向看到投诉邮件的其他领导阐述了礼品的名称、价值,并出示了公司的相关规定,证明我的行为完全不违反公司的规定和理念。

这件事情过去很多年了,我每每回想起来,依然能真切地体会到当时看到邮件中从小到大的变焦结构的恐惧感。我的直属领导用公司规定帮助我摆脱困境,让大事化小,小事化了。

从这件事情中,我们可以看出,一件事其实是可以向不同方向发展的,具体向哪个方向发展,取决于做事情的人变焦的目的。

(3)递推结构

递推结构(见图3-20)就是通过因果关系或链式反应来推进表达的结构。蝴蝶扇动一下翅膀,就可能引发一场海啸,就是因为多种事物之间有千丝万缕的因果关系。用这种结构表达,会使语言逻辑以及各步骤间的关系清晰,表达的效果增强。

递推结构最经典的案例,就是1485年英国国王查理三世战败的

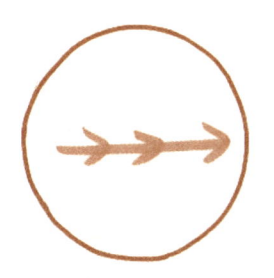

图 3-20　递推结构

那个故事。查理三世战败后,民间传言:"少了一根铁钉,掉了一只马掌;掉了一只马掌,丢了一匹战马;丢了一匹战马,败了一场战役;败了一场战役,丢了一个国家。"

以递推结构组织语言时,可以沿着两个方向思考——从好处和坏处两个角度推进。

比如,如果你想以好处推进表达,说服领导批准部门内部组织团建活动,你可以说:

> 领导您看,如果我们成功组织了这次团建活动,就能够进一步增加部门内部的凝聚力。凝聚力增强了,大家工作效率就会提高。大家工作效率提高,我们年底的KPI(关键绩效指标)就将完成得更漂亮。部门的KPI完成得更漂亮,您去集团做年终述职报告的时候就更有面子。您有面子,我们整个部门都跟着沾光呀!所以,这次团建活动必须开展呀!

如果你想以坏处推进表达,反对领导组织部门内部团建活动的想法,你可以说:

领导，最近很多部门都纷纷开展了团建活动，效果不太理想。做一次团建活动要占用一天工作日。团建活动占用了工作日，员工完不成手头的工作，就需要加班。一加班，员工就会抱怨，抱怨会引发员工消极怠工，进而引发离职率升高。这么看，组织团建活动真的没有必要。

记得在有一次上课时，我给大家用递推结构组织语言，推荐朋友来自己的公司上班。我请每个小组派出两位学员代表上台表演，有一组的两个人分别是这样讲的：

我们公司实力雄厚，发展潜力无限，人文关怀到位，来我们公司吧！来了以后，你的能力就能得到进一步提高，你的价值就会不断增加。随之而来的，就是你的工资会越来越高，那么，你的家庭地位也会一路飙升。家庭事业双丰收，你就是人生赢家啊！（以来自己公司上班的好处推进表达。）

朋友，听说你最近在找工作啊。我们公司正在招人，你来吧！什么？你还要考虑一下？你想想看，你要是不来上班，你的房贷怎么办？还不上房贷，你老婆是不是要和你闹？你老婆一闹，你的心情肯定受影响啊！心情不好会影响身体健康的。身体出毛病了，再想工作都难喽！（以不来自己公司上班的坏处推进表达。）

台上两位学员声情并茂的表演，让台下的学员哄堂大笑。我们可以用不同的思路做同一件事、看待同一件事。就像在半杯水的心理实验中,有的人看到的是只有半杯水,有的人看到的是还有半杯水。

运用递推结构让事情向哪个方向推进,取决于你要达成什么样的目标。逻辑结构的框架最终是为目标服务的。

以钟摆结构、变焦结构和递推结构表达想法,可以让表达者显得更有水平,也可以让受众思考得更深入。下面我们还是用这三种结构,来看看孩子对爸爸表达想要一辆自行车时的话,感受运用不同结构表达的区别。

第四种说法(钟摆结构):

爸爸,我想要一辆自行车。(总)

有的人说千万不能学骑自行车,因为骑自行车不安全;有的人说一定要学会骑自行车,因为这是每个人生存的必备技能;而我认为,我可以在保证安全的前提下学会骑自行车。(分)

所以,爸爸可以给我买一辆自行车。(总)

第五种说法(变焦结构):

爸爸,我想要一辆自行车。(总)

我的一个好朋友说,在全球,有6亿小朋友都有自行车;在中国,平均每个小朋友有1.2辆自行车;在小区里,除了我,其他小朋友都有自行车了。(分)

所以,爸爸,我想要一辆自行车。(总)

第六种说法（递推结构）：

爸爸，我想要一辆自行车。（总）

如果你不给我买自行车，我心情就不好；我心情不好，学习就会受影响；学习受影响，考试成绩就不理想；考试成绩不好，你就会骂我；你一骂我，妈妈就不高兴；妈妈一不高兴，全家都不开心。（分）

所以，爸爸，快给我买一辆自行车吧。（总）

我们用六种常用的横向子结构描述了孩子想要爸爸买自行车这件事。下面我们来用一幅思维导图回顾一下（见图3-21）。

图3-21　关于孩子想要一辆自行车的思维导图

这"6子结构"思维基本上可以帮助我们应对任何需要我们分点表

达的场合。

比如,我们可以用这六种结构来介绍自己。

> 时间结构:"过去我是……的人,现在我是……的人,将来我想成为……的人。"
>
> 位置结构:"我在……出生,在……读书,在……工作,在……定居。"
>
> 要素结构:"要记住,我这个人很简单,我有三大爱好、三大特点。爱好一……,爱好二……,爱好三……,特点一……,特点二……,特点三……"
>
> 钟摆结构:"有的人认为我很外向,可以在讲台上侃侃而谈;有的人认为我很内向,在生活中沉默寡言;其实……"
>
> 变焦结构:"先说说我的家族吧……。再说说我自己的小家吧……。最后说说我自己吧……"
>
> 递推结构:"因为我从小就很崇拜老师,所以我选择了培训岗位;因为在培训岗位上,所以我有了更多锻炼自己、登台分享的机会;因为经常分享,所以我的授课经验越来越丰富……"

再如,我们可以用这六种结构来介绍公司。

> 时间结构:"公司成立于××××年,转型于××××年,快速发展于××××年……"
>
> 位置结构:"公司四楼是……,五楼是……,六楼是……"

要素结构："公司有三大业务模块、三大文化价值观。三大业务模块分别是……，三大文化价值观分别是……"

钟摆结构："有人认为我们公司……；也有人认为我们公司……；我要告诉大家，我们公司……"

变焦结构："我们先说一下公司在上海的发展趋势……；然后我们说一下公司在长江三角洲地区的发展情况……；最后，我们来说一下公司在全国范围内的发展战略……"

递推结构："因为我们公司最早选择了……，然后……，所以后来……"

再来看一个我在授课时遇到的例子，更直观地感受这六种横向结构的应用。

有一次，在授课时，我发现有个男学员坐在那里敲电脑敲得特别认真。我问他："你怎么不练习呢？"他说："老师，我在练呢！"我有些好奇地说："我能看一下吗？"他说："不能！"但他这么说，我就更好奇了，因为我看他笑得很诡异。在我的坚持下，他最终给我看了他所做的练习。

原来，他用六种结构写了他的女朋友。

时间结构："没有遇到你之前，我不相信爱情，因为我成长在单亲家庭，见多了感情的冷漠；遇见你时，我怦然心动……；现在，我发现我的生活中不能没有你啊……"

位置结构："自从我在公司门口第一次见到你，我就被你深深吸引；在办公室里，每天我坐在你的身后，望着你的身影，都会浮想联翩；我们一起参与活动，和你走在林荫大道上，我就想，如果能和你一起这样走下去，该有多美好啊！"

要素结构："我觉得我俩在一起挺合适的，因为我们有三大共同点：第一，我们有相似的经历；第二，我们有共同的爱好；第三，我们有共同的追求。"

钟摆结构："有的人认为你冷若冰霜，有的人认为你热情似火，只有我才知道，其实在你冰冷的外表之下，隐藏了一颗火热的心。"

变焦结构："如今，很多人已经把爱情庸俗化了，把爱情物化成房子、车子；我们公司里的情况也差不多，你看××部门的××和××，前几天还天天秀恩爱，现在却为彩礼闹掰了；但是我知道，你在追求一份纯真的爱情，而我也一样。"

递推结构："如果你不嫁给我，我就会觉得人生没有意义；如果我觉得人生没有意义，我就做不好工作；如果我做不好工作，我们部门就完不成KPI；如果我们部门完不成KPI，我们公司的业务就会受到影响。"

练 习

你是一家企业××部门的经理，现需要向领导阐述年度××计划，请综合使用六种结构列出你的发言结构提纲。

解析

发言结构提纲（见图 3-22）。

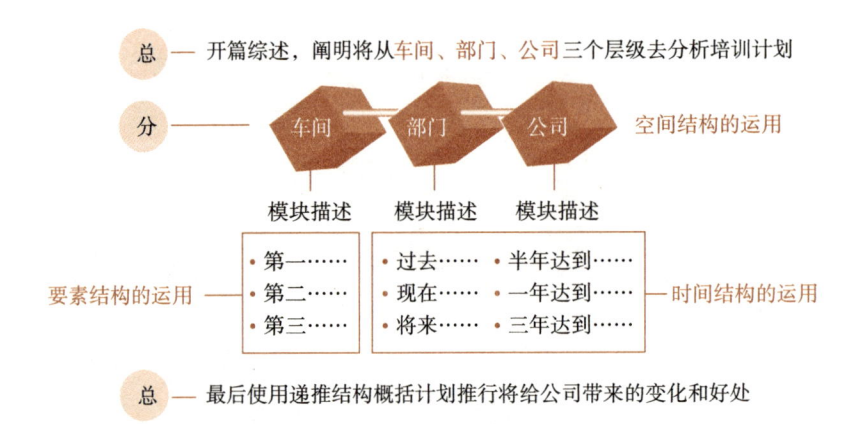

总 —— 开篇综述，阐明将从车间、部门、公司三个层级去分析培训计划

分 —— 车间　部门　公司 —— 空间结构的运用

　　　模块描述　模块描述　模块描述

要素结构的运用 ——
- 第一……
- 第二……
- 第三……

过去……　半年达到……
现在……　一年达到……
将来……　三年达到……
—— 时间结构的运用

总 —— 最后使用递推结构概括计划推行将给公司带来的变化和好处

图 3-22　发言结构提纲

至此，大家已经了解了金字塔结构的六种常用横向结构。

这六种横向结构可以帮助我们更有条理地整理信息、表达想法，支撑 G 的成立和准确性，增强我们的说服力。强烈推荐大家在组织语言时，根据实际情况，选择一种或几种横向结构，在头脑中构建金字塔结构。

挖掘深度的纵向结构

我们可以自上而下或者自下而上地构建、分析纵向结构（见图 3-23）。

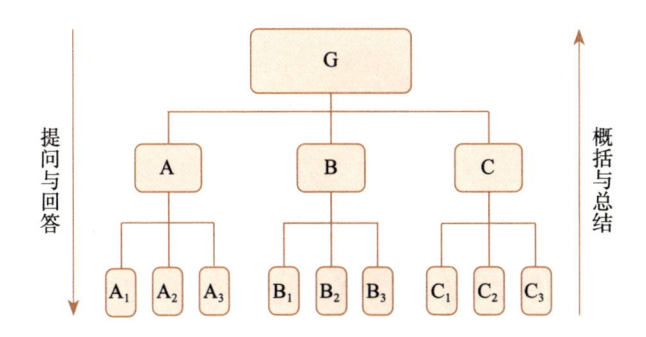

图 3-23 构建、分析金字塔原理纵向结构的两个方向

自上而下的提问与回答：
设定场景／确定主题／设想问题／回答问题

自上而下的思考顺序是大多数人习惯和熟悉的。我们通常会按照思维推进的过程，在分析问题、表达想法等时候，先确定主题，然后寻找解释、支持主题的要素，明确 A、B、C 是什么，它们之间的关系是什么，再用 A、B、C 的下一层详细展开叙述。那么，如何搭建这种自上而下的金字塔纵向结构呢？我们可以通过四个步骤来完成（见图 3-24）。

第一步，设定场景。

场景不仅包括一定的环境，还包括环境中的人和在环境中要做的事。想清楚：搭建出的纵向结构要在什么样的场景中使用？如果你搭建纵向结构是为了发言，你就要考虑发言现场是否有领导和客户，场景的不同直接影响主题制定的策略和倾向性。比如"利他性原则""他需要""AB 法则"等，都是要在需要充分考虑受众的场景中应用的。

第二步，确定主题。

设定好场景，才能确定主题。要想清楚，是要提出一个诉求，阐

图 3-24　完成自上而下纵向结构的四个步骤

明一个观点，还是要说明一件事情。描述主题的话要精练，最好用一句话就能将主题表达出来。

思考第一步和第二步时，可以套用以下公式：

我是谁，他（他们）是谁，我们在什么样的场景中交流，我要阐明的 G 是什么。

第三步，设想问题。

最简单也最容易操作的设想问题的方式，就是从 G 中提取关键信息，就每一个关键词语进行提问。注意，不是所有 G 中的词语都适合做支撑、解释 G 的素材，由 G 的关键词语扩展而成的 A、B、C 要对阐述 G 有益。

比如，你要介绍一款弱碱性矿泉水，你的 G 是"××矿泉水富含弱碱性矿物质，对身体健康有益"。这句话里的关键词语包括"××矿泉水""弱碱性""有益健康"，我们可以分别针对这三个关键词语进行提问——××矿泉水是什么？如何证明它是弱碱性的？这款矿泉水对身体的哪方面有益?

第四步,回答问题。

回答第三步提出的问题,其实就是在为上一层提供强有力的论据(数据、事实等),其最终目的是支撑 G 的成立。

这四个步骤可以让我们在搭建结构时,严格做到上下对应。因为遵循这样的步骤,我们会一直站在受众的角度思考,将受众可能想到的问题准确地提取出来,并及时给出答案。这样搭建出的纵向结构中有问有答,容易让受众对我们的表述感同身受。

我们来看一个例子。

第一,设定的场景:

我(部门主管)和他(部门总监)商议部门目前业务扩张速度快,但人力不足,编制处于冻结状态,无法招聘新人,缺少技术骨干等问题。

第二,确定的主题:

建议启动业务外包项目。

第三,提出的问题:

外包项目对部门有何价值?外包项目的预计花费及预计收益如何?外包项目的建议启动时间及负责人?

第四,做出的回答:

……(遵循上下对应原则。)

做好这些后,我们就可以画出图 3-25 这样的金字塔结构图。

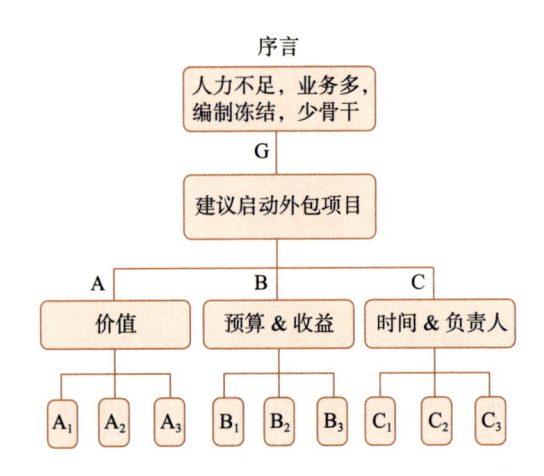

图 3-25　建议启动外包项目的金字塔结构图

我们再来看一个商业案例（见图 3-26）。

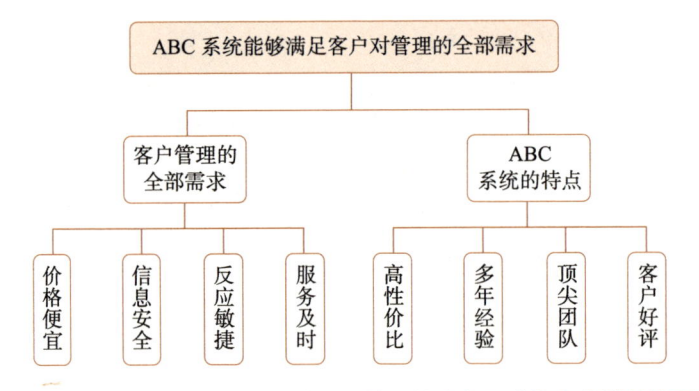

图 3-26　ABC 系统能够满足客户对管理的全部需求的金字塔结构图 1

第一，设定的场景：

我（软件销售经理）和他（客户管理层）商议有关客户希望选购一款可以满足管理需求的软件的事宜。

第二，确定的主题：

ABC 系统能够满足客户对管理的全部需求。

第三，提出的问题：

客户对管理都有哪些需求？ABC 系统具有哪些特点呢？

第四，做出的回答：

价格便宜、信息安全、反应敏捷、服务及时（是客户对管理的全部需求）；高性价比、多年经验、顶尖团队、客户好评（是 ABC 系统的特点）。

仔细品读，我们可以发现，客户对管理的全部需求和 ABC 系统的四个特点是能够对应的。那么，我们不妨调整一下结构（见图 3-27）。

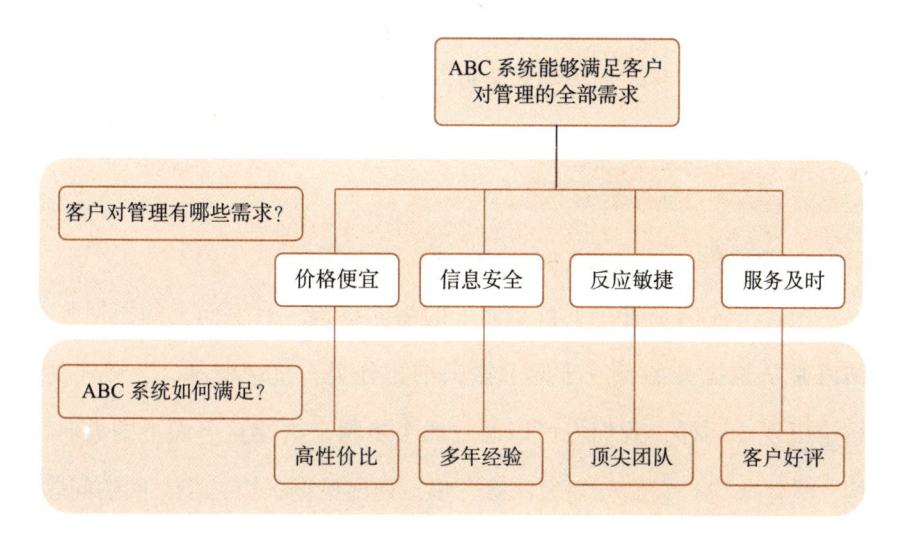

图 3-27　ABC 系统能够满足客户对管理的全部需求的金字塔结构图 2

我们可以看到，无论是金字塔结构的主题、问题，还是对问题的回答，都没有变化，仅仅调整了结构，我们就可以换一种方式来解读图中的内容。在图 3-27 中，客户需求与系统特点变成了上方提问、下方回答的对应关系。客户希望价格便宜怎么办？ABC 系统有高性价比。客户希望信息安全怎么办？ABC 系统已经有多年为有管理需求客户服务的经验。客户希望系统反应敏捷怎么办？ABC 系统有顶尖团队进行管理和维护。客户希望服务及时怎么办？ABC 系统一直以来都因为服务及时而获得用户好评。我们可以看到，客户需求和 ABC 系统的特点严格上下对应，换句话说，客户需要什么，ABC 系统就有什么，那么客户大概率就会和制作 ABC 系统的公司合作。这样一目了然的对应关系让产品特点的说服力更强，这就是结构可以带给我们的力量。

至此，我们可以看到自上而下的纵向结构的作用之一，就是用提问和回答的过程，说服对方接受清晰而明确的 G。提问的范围是什么呢？G 中的所有核心词语都需要被问到。

自下而上的概括与总结：
列出论据 / 归纳问题 / 分门别类 / 概括总结

接着，我们来看一下自下而上的纵向结构。自下而上的概括和总结就是从论据开始，逐步向上做归纳、分类、总结概括，直到主题、结论出现。同样，我们也可以通过四个步骤来构建自下而上的纵向结构。具体来说，它们分别为：第一步，列出论据；第二步，归纳问题；第三步，分门别类；第四步，概括总结（见图 3-28）。

其实，这种自下而上的概括与总结的纵向结构在我们的生活中特别常见。估计大家都熟悉医生给我们看病的常规流程。医生会先让我们描述一下哪里不舒服、症状都是什么。然后医生会直接诊断我们得了什么病吗？一般不会，他通常会对我们说："先去把检查做

图3-28　完成自下而上纵向结构的四个步骤

了，拿着检查结果再回来找我。"医生要的检查结果是什么呢？其实就是金字塔结构图里最底层的论据。先收集论据，他再从自己丰富的经验和专业知识中提取有效信息，归纳、概括、总结和判断，从而确定症结，给出准确的诊断。随后，才是根据诊断结果提出治疗方案，对症下药。整个诊疗过程其实就是构建自下而上的纵向结构的过程。

同样，在一些影视作品中，侦探或者警察在寻找凶手时，也会先在现场搜集蛛丝马迹，然后将证据、线索、证词等作为最底层的论据，通过一步步推理，最终找出犯罪嫌疑人。

其实，这种结构是可以应用在一些数学题的解答过程中的。我们来看一个例子。

王老板开了一家礼品店。一天，有位年轻人到王老板的店里买礼物。这件礼物的成本是18元，标价21元。年轻人掏出一张

100元，要买这件礼物。王老板当时没有零钱，用那张100元和邻居换了100元零钱，找给年轻人79元。但是，邻居后来发现那张100元是假钞，将它退给了王老板，王老板无奈还了邻居100元。请问，王老板损失了多少钱？

每次我在课堂上讲这道题时，都能听到五花八门的答案。有人说197元，有人说176元，有人说121元，还有人说97元……大家把题目里的这几个数字，用了不同的方式做了加减乘除。其实，要想算清楚王老板到底损失了多少，我们可以理一理这道题中的钱和每个人的动作之间的关系。我们先把题中所有的事实理清楚，放在图的最下面作为论据，再进行计算、整合，这个过程就相当于概括、总结，最终得出的结论就是我们要的答案。

我们定好用"+"表示王老板的收入，用"-"表示王老板的支出。用黑色表示真钱，用棕色表示假钱。接下来，按照资金流动的顺序把事实整理出来（见图3-29）。

年轻人给王老板100元	王老板给邻居100元	邻居给王老板100元	王老板给年轻人79元	王老板给年轻人18元物	邻居给王老板100元	王老板给邻居100元
+100	-100	+100	-79	-18	+100	-100

图3-29 资金流动事实整理

年轻人用100元假钞买王老板的商品，所以+棕色100。

王老板和邻居换零钱，把这100元假钞给了邻居，所以–棕色100。

邻居给王老板的 100 元零钱是真钱，所以 + 黑色 100。

王老板找给年轻人 79 元，是从邻居的真钱里找出去的，所以 – 黑色 79。

王老板给年轻人的礼物价值 18 元，所以 – 黑色 18。

邻居发现王老板给自己的那张 100 元是假钞，拿回来还给王老板，所以 + 棕色 100。

王老板无奈还了邻居 100 元真钱，所以 – 黑色 100。

至此，所有钱物交换的事实和数据都罗列出来了，没有遗漏的信息，也就是说我们把列出最底层的论据这一步完成了。

接着，我们要开始归纳问题和分门别类，也就是把同种颜色的数字相加减（见图 3-30）。

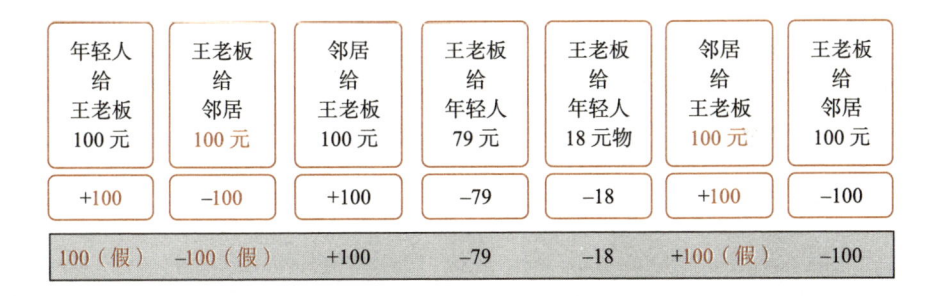

年轻人给王老板100元	王老板给邻居100元	邻居给王老板100元	王老板给年轻人79元	王老板给年轻人18元物	邻居给王老板100元	王老板给邻居100元
+100	–100	+100	–79	–18	+100	–100
100（假）	–100（假）	+100	–79	–18	+100（假）	–100

图 3-30　把流动的资金分类加减

运算之后，我们得到的是棕色的 100 和黑色的 –97。

我们想一想，假钱算是王老板的真正收入吗？不算。所以棕色的 100 相当于 0，王老板最终损失 97 元。这是我们归纳所有论据、分类运算之后，概括总结出的论点（见图 3-31）。

这就是一个用自下而上纵向结构的思考方式来解决生活中实际问

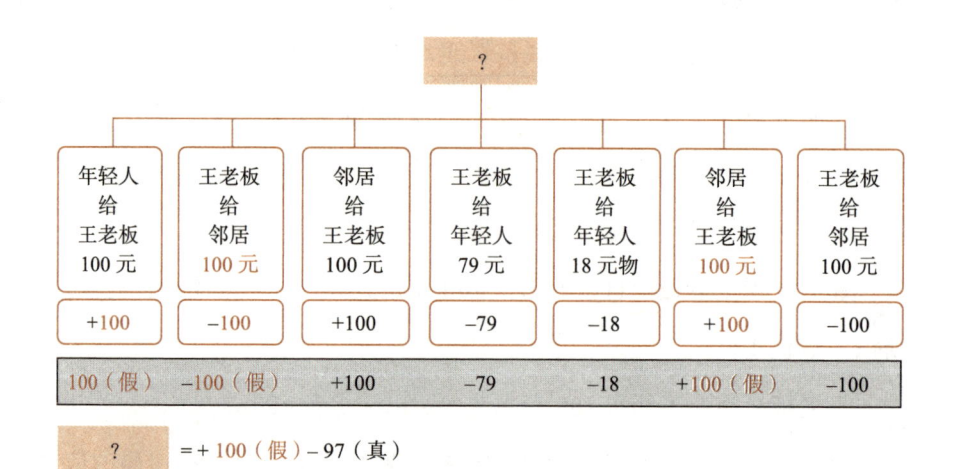

```
                              ?
    ┌──────┬──────┬──────┬──────┬──────┬──────┬──────┐
  年轻人  王老板  邻居   王老板  王老板  邻居   王老板
   给     给     给     给     给     给     给
  王老板  邻居   王老板  年轻人  年轻人  王老板  邻居
  100元  100元  100元  79元   18元物  100元  100元
   +100  −100   +100   −79    −18    +100   −100
  100(假) −100(假) +100  −79    −18    +100(假) −100
```

? = +100(假) − 97(真)

收：100 元假钱

付：18 元的礼物和 79 元 ── 王老板的损失

图 3-31 王老板的损失示意图

题的案例。大家举一反三，观察身边的事情，就会逐渐发现，很多问题的思考方式都可以是相通的。

4

汇报：你真的会做汇报吗

我们在工作中都离不开汇报。如果你是一名职员，就要会做汇报，能写好报告，能读懂、领会汇报精神。如果你是一名管理者，就要会听汇报，能迅速从下属的汇报中找到关键点，并给予回应。

多种多样的汇报形式

随着工作节奏的加快、沟通方式的变化,汇报形式也变得多种多样,传统的汇报形式包括口头汇报和书面汇报,如今还有会议汇报、微信汇报等汇报形式。

口头汇报:一句话说清楚重点

做口头汇报(口头传达信息)的场景通常是简单的、日常的。做口头汇报时,一般不需要寒暄,也尽量不铺垫,最好开门见山地说。如果阐述背景十分必要,也最好一句话带过,用重要的关键词语来代替我们在序言部分讲的 S、C、Q、A(即背景、冲突、问题、答案)。

我们来看两个口头汇报的例子。

领导,向您汇报一下本次事故的最新信息:第一,全部受困人员都已获救并转移到安全地区,没有人员伤亡;第二,事故调查小组已经到达现场,开展调查工作;第三,已经将救援结果告知所有获救人员的家属并做好了安抚工作。请领导指示下一步的工作安排。

销售部的伙伴们，向大家转达本次集团会议的几个要点：首先，我们部门超额完成任务，得到领导的一致好评，大家辛苦啦；其次，明年的销售目标已经确定，需要我们将业绩再提高20%，大家再接再厉；最后，年会上，公司会兑现销售奖金，奖励大家一年来的努力。请大家继续加油吧！

我们可以看到，口头汇报体现的主要是金字塔结构的前两个层级，即G以及A、B、C这一层，再下一层的内容就不必说了。如果对方想要进一步了解某一个部分的内容，你可以继续展开说，问什么，答什么。回答问题，意味着搭建又一个小金字塔，语言要尽量精练。

微信汇报：60秒内的信息提炼

现在，使用微信沟通已经非常普遍了。近两年，很多公司需要线上办公，微信更是常用的沟通工具了。

用微信做汇报有两种形式：一是文字，二是语音。

估计大家对微信的界面再熟悉不过了。我们要注意，发送文字时，要从文字接收者的角度考虑。人们接收到满屏幕大段的文字时，第一感觉可能就是头大，会想"这么多字，有时间的时候再看吧"，然后可能会直接忽略它们。但是把很长的话拆成很多句话，再一句一句地发给对方也不合适。多条信息在短时间内相继而至，会让手机一直响个

4 汇报：你真的会做汇报吗

不停。所以，冗长的文字无论如何都是不可取的。

通过微信用文字做汇报时，文字最好不超过五行（见图4-1）。这样，阅读者可以快速浏览信息，并很容易知晓关键内容。这就要求表达者用前文所讲的"结论先行"技巧，并在需要展开叙述时，将每个关键要素总结成一句话，然后将它们分点、分行列出来。这样做出来的汇报看起来很清晰，也很容易让人记住。

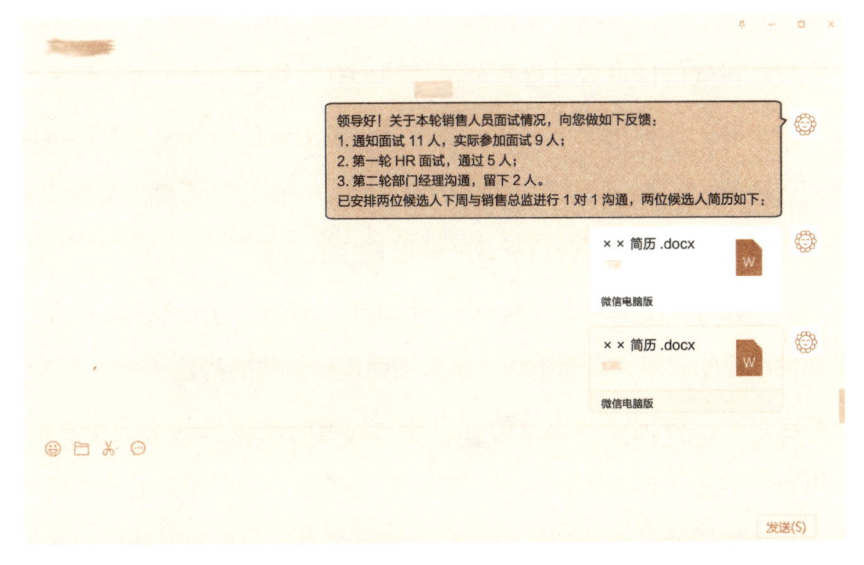

图4-1 针对本轮销售业务人员面试情况给领导的文字汇报

记得之前授课时，有学员问我："既要发图片，又要发文字时，先发图片好，还是先发文字好呢？"我回答："这要根据实际情况决定。如果领导交代给你的任务是设计一张宣传图，而你用微信传给领导时，先是发了一大堆文字，然后迟迟不发图片，那领导可能要发火了。明明用图片能更清楚地解决，就不要让那么多文字喧宾夺主了。先把图片发过去，再用简洁的文字解释想要重点强调或者说明的地方。"

下面，我们再来看语音汇报。我们都知道，一条微信语音最长 60 秒。一些人觉得不能浪费这个时长，在按下"按住说话"后，总是要说满 60 秒。其实，听这么长的语音是很需要耐心的。我如果收到一条 60 秒的语音，会不自觉地眉头一皱，犹豫着要不要点开听。连续听几条 60 秒语音真的会觉得不耐烦，而且，听着听着还容易忘记前面讲了什么。

据统计，35～45 秒的语音让人听起来最舒服。也就是说，无论表述 G，还是表述 A、B、C，都要能用适中的语速，在 35～45 秒里讲清楚。

我也在微信群里做过语音分享活动，有时候我一个人要连续发语音半个小时。这种情况下，我就会控制每条语音的时长，尽量不讲废话，让每条 35～45 秒的语音里讲的都是精华。而且，不要因为想节省时间而加快语速，那样会给听者一种很着急的感觉。

另外，需要用多条语音来表述一件事时，还有一个小技巧，就是可以在发语音的时候，以简单的文字来辅助逻辑结构的搭建（见图 4-2）。

这是一位咨询公司出身的客户和我沟通时发过来的文字和语音。他用简单的文字连接语音内容，实际上是搭建了一个无形的金字塔结构，让我能够通过"视觉+听觉"理解他想表达的内容。他发给我的内容虽然不少，但是让我感觉非常清晰和舒服。我基本上看过、听过一遍就能理解、记住他说的话。这种方法值得借鉴。

会议汇报："三明治"结构最实用

在会议中发言是很多人每天都要做的事情。有些人的发言会让听众着急，他们要么吞吞吐吐，半天说不到点子上，要么单刀直入，刀刀伤人。为了避免这两个方面的问题，我推荐大家用"三明治"结构发言。

4　汇报：你真的会做汇报吗

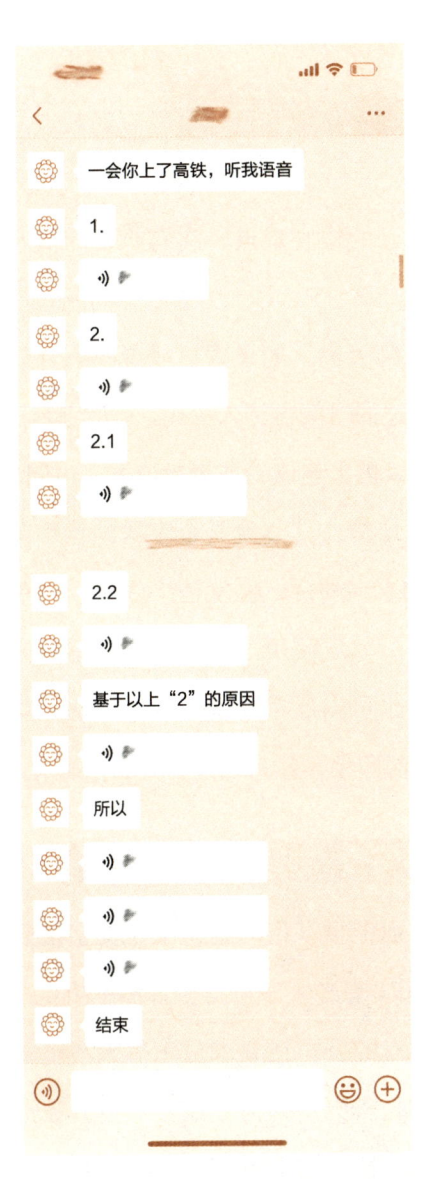

图 4-2　以简单的文字来辅助梳理语音的逻辑结构

运用"三明治"结构在会议上发言或者做汇报时,要将想说的话分成三个层次。

第一层,肯定前面一位或几位同事发表的观点。你如果是第一个发言的人,可以先对领导给予你发言的机会表示感谢。

第二层,抛出自己的核心观点,在有必要的情况下,可以展开说下一层的内容,也就是 A、B、C。注意内容的颗粒度不要太小,因为在会议上发言不宜长篇大论。如果领导或者同事对你说的话中的某个点有兴趣,可以找合适的时间再深入探讨。

第三层,欢迎大家提出建议,或者邀请下一位同事发言。

这种"三明治"结构,其实就是金字塔结构中的"序言—G—A、B、C"模式再加一句总结的话,也就是"总—分—总"结构。

我们要经常练习,养成使用"三明治"结构的习惯。即使是与他人进行日常的交谈,也可以运用这个结构来表达。这样会给人说话干净、利落又不失礼貌的印象,让自己显得非常职业化。

书面汇报:三种书写方式打造"四有报告"

我们这里说的书面汇报,指的是将工作文字报告(以下简称"报告")提交给领导审阅。想必大家对写报告都不陌生。很多员工年年写报告,月月写报告,有的公司还要求员工每天写报告。那么,什么样的报告才是有价值的报告呢?如何才能写好报告呢?在回答这两个问题之前,我们先解决一下大家对写报告的心态问题。

写报告的三大好处

很多人一听到要写报告、写总结,尤其是要写日报、周报等提交频率很高的报告时，就下意识地抗拒，不想写。大家为什么会对此产生抵触情绪呢？主要原因有三个：一是工作太忙，时间紧张；二是觉得写报告是形式主义，没有实际用处；三是不会写，不知道写什么。

人性的本质是趋利避害的。一般情况下，我们都不情愿做对自己没有什么好处的事情，会找各种借口，总想拖延。那么接下来我们就从利己的角度出发，探讨一下写报告有哪些好处。

首先，可以帮助我们赢得老板的信任。

在职场中有一种冷酷的说法：老板不知道你做了某件事，就相当于你没有做过这件事。我们都希望得到他人对我们工作成果的公正评价。但是老板一般都很忙，如果你很内向、谨慎，那么频繁地、面对面地向老板汇报就不太现实，而报告就是你和老板定期沟通的工具之一。老板可以通过报告，掌握你的工作进度，看到你的认真，从而信任和尊重你，让你承担更多的责任，进而让你的职场道路更加开阔。

其次，可以锻炼我们的综合能力。

很多人不想写报告是因为不会写报告，觉得自己的报告空洞、没有内涵。确实，写报告考验的是我们的综合能力，包括独立思考能力（即能否在工作中发现问题、分析问题、解决问题的能力）、表达能力（即能否用简单的话语将问题描述清楚的能力）、逻辑能力（即能否逻辑清晰、有理有据地进行表述的能力）。

最后，可以帮助我们养成持之以恒的习惯。

坚持写报告（包括年报、季报、月报、周报、日报等），可以帮助我们养成持之以恒的习惯。

做有价值的"四有报告"

解决了心态问题之后,让我们回到正题:什么样的报告是有价值的报告?如何才能写好一份报告呢?我们先来举个例子。

你是一家消费品公司的销售人员,你的直属上级要求你每周提交周报。于是你怀着热情,将这周做的 18 项工作洋洋洒洒地写成了一长篇报告,还写道"下周我会继续努力"。写完之后,你对自己非常满意,想着"我还真不知道自己完成了这么多工作",把周报发给领导。然而领导的反应没有你想象中的热烈,仅仅回复"收到"两个字。不过,你认为"没关系,要持之以恒,继续努力"。提交过三次周报之后,到了第四周,你发现自己的周报写得有点没劲儿。自己每周的工作都差不多,所以周报内容基本重复,而且上周发给领导的周报,现在还是未读状态。这下你有点着急了:"领导怎么不看我的报告了呢?"

想解决这个问题,你需要学习一个小的法则——AB 法则(见图 4-3)。

A
actor
受众

B
behavior
行为

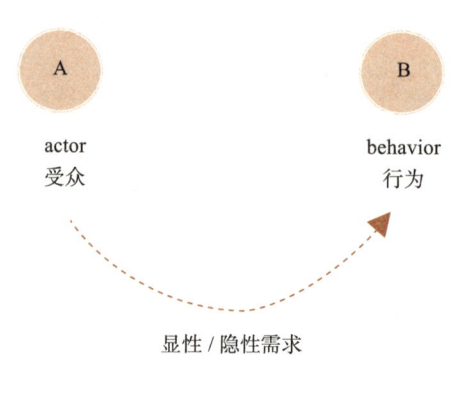

显性/隐性需求

图 4-3 AB 法则

A，actor，也就是受众。不管是沟通还是写作，在构思时，你一定要先明确受众。你要思考，你所写的报告是给谁看的？所做的策划方案是讲给谁听的？要做出的发言是面对谁讲的？……对这类问题的回答直接决定了你所表达的内容主题和定位。如果只从自己的角度出发，你以为的或许真的不是你以为的！这就是我们在前面"结论先行：抓住重点"部分讲到过的，要考虑"他需要"。

B，behavior，也就是行为。这里的行为指的是你的行为。

通过图4-3，我们可以看出，你的行为是由受众的需求而非你个人的判断或者喜好决定的。而受众的需求分为显性需求（want）和隐性需求（need）。

我们通过一个例子来进一步理解A与B的关系。

如果我对你说"递给我一点水"，那么我的显性需求就很明显——我需要水。而要想知道我的隐性需求是什么，你就需要考虑我为什么需要水。如果你只是递了杯水过来，并不一定能满足我真正的内在需求。

如果我口渴了，你递过来一杯温水是不是更贴心呢？如果我想浇花，你用喷壶来装水是不是会更令我满意呢？如果我想用水来洗手，那么你在递给我水的同时，再递给我一块毛巾是不是更好？由此可见，要想提升受众的满意度，受众的痛点和隐性需求才是最有价值且值得深度思考、挖掘的部分。

在职场中，有时刻洞察出隐性需求的能力，是非常有必要的。大家可以试着在不同场景中问自己，对方的隐性需求是什么（见表4-1）。

表 4-1　不同职场环境中的显性需求和隐性需求

职场环境	显性需求（want）	隐性需求（need）
向领导做年终报告时		
向代理商介绍产品时		
给下属分配任务时		
向同事分享成功经验时		
给学员讲授知识时		
向别人做自我介绍时		

做报告时，要明确受众是谁，也就是报告是写给谁看的，对方有什么样的期待。我们可以根据 AB 法则来确定写报告的目标。比如，如果你的报告是老板要求写的，那么报告的受众就是你的老板，老板的期待是你的工作有价值，那么你就要将能让老板认可的工作内容写在报告中。

如果你的报告是写给自己看的，只是为了记录自己工作中发生的事情，那么报告的受众就是你自己，你就可以按照让自己舒服的方式写，可以写流水账，也可以发牢骚。

回到前文中举的例子。领导为什么不再看你的报告了呢？既然你的报告是写给领导看的，那么根据 AB 法则，报告的内容就必须是老板觉得有价值的。老板不再看你的报告，很可能是因为他认为你的报告内容没有价值，不值得花费时间去看。

那么，什么样的报告是有价值的报告呢？

我总结了一下，有价值的报告就是有产出、有问题、有分析、有计划的"四有报告"（见图 4-4）。

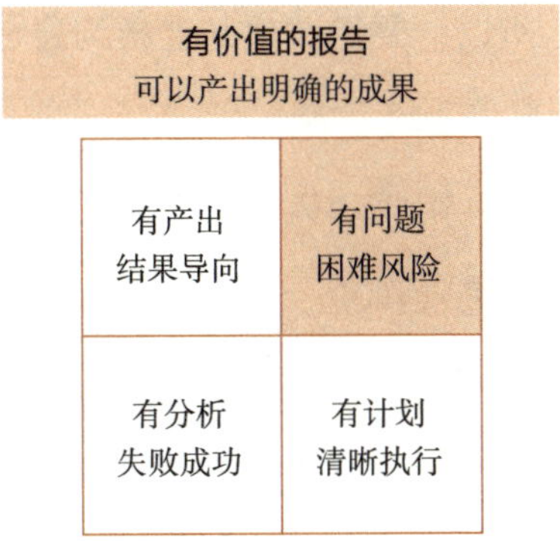

4 汇报：你真的会做汇报吗

有价值的报告 可以产出明确的成果	
有产出 结果导向	有问题 困难风险
有分析 失败成功	有计划 清晰执行

图 4-4 有价值的"四有报告"

第一，有产出。

老板要求员工写报告，就是想通过报告快速了解员工的工作进展。既然老板想快速了解，他们最关注的一定是员工的产出，而非做事过程。

举个例子。这周你所在店铺的销售额为 20 万元，完成了销售目标的 30%，这就是产出。而这周你和经销商通了 5 次电话，这是做事的过程。你可能想问：每周的工作那么多，不是每项工作都有直接产出，没有直接产出的工作要不要写呢？这就需要我们先对工作内容进行筛选，然后优先在报告中列出有直接产出的工作，比如你所在店铺的销售额为 20 万元，或者你负责的新店开张等；而一些常规的工作过程，比如销售报表的提交、客户的沟通维护等，除非很重要，否则不建议放在报告中。

第二，有问题。

大家在工作中一定会遇到各种各样的问题，但是很多人因为害怕老板怀疑自己的能力，而在报告中报喜不报忧。事实上，能够发现问题是职场人非常重要的能力。格力集团董事长董明珠就说过，不怕有问题，就怕没问题。所以，要坦诚地与老板沟通你在工作中遇到的问题。有问题会让你的报告变得有看点。

问题包括两个部分：困难和风险。很多人可能会注意到困难，但是会忽略风险，尤其是隐性风险。比如，你发现某经销商对下一步的拓展计划不是很积极，但是又没有明确地表达自己的想法，这就是拓展计划中存在的一个隐性风险。将风险放入报告中，既可以显示你在持续跟进计划的实施，确认风险发生的概率，防患于未然；也可以提示老板这里可能会出现问题，给老板预警。老板最不喜欢的就是员工在不知不觉中埋了一颗"雷"。

第三，有分析。

我们一听到要分析，第一反应可能就是分析问题。除此之外我们还要分析在正常的工作中应该做什么、不应该做什么、先做什么、后做什么、怎么样才能做得更好，等等。

我们经常会对失败进行分析和纠正，却忽略对成功经验的总结。其实，取得成功不一定是纠正错误的结果，也有可能是上一次成功的延续和拓展。如果你总是分析失败的原因，却没有有效解决问题，老板很可能会看不到你的闪光点。不要怕让老板看到你的问题，也不要让他忽略你的优秀之处。

你对自己工作的分析、思考是他人不可替代的。事物越不可替代，往往越有价值。所以，分析会体现报告的价值以及你的价值。

第四，有计划。

凡事预则立，不预则废。有计划就等于有明确的工作方向和工作方法，清晰、可执行的计划可以使我们明确工作的轻重缓急，然后按计划有序、有效地提高工作效率。

写出工作计划的目的，是更好地执行工作计划，所以计划的内容远比形式重要。也就是说在写计划时不需要用华丽的辞藻，简单、清楚、可操作是工作计划要达到的基本要求。

了解了有价值的报告是什么样的之后，我们就要思考如何写出有价值的报告了。

三种常用报告书写

本周六要举行一场你一直在跟进的市场活动，这场活动非常重要。周五下午老板把你叫去问了一些问题。

老板：周末的市场活动都准备好了吗？

你：差不多了。

老板：差不多了？

你：嗯，上午有些店铺还没做好准备，不过现在他们的问题都解决了。

老板：为什么上午还没有准备好呢？

你：那些店铺的执行力有点儿不足……

老板：和上游经销商有没有关系呢？

你：啊，这我还不太清楚……

老板：那接下来你有什么打算吗？

老板一连串的问题直接把你问蒙了。

老板：不靠谱！回去好好想想，给我写一份汇报！

为什么老板说员工不靠谱呢？对老板来说，员工靠谱比聪明更重要。毕竟员工靠谱，老板才可以放心地把事情交给他来做。什么是靠谱呢？就是"凡事有交代，件件有着落，事事有回音"。要想做到这一点，可以用以下三种常用的方式来写报告。

CAP 式报告——总结性汇报/复盘报告

做事要有始有终，有反馈。要想成为靠谱的人，需要在做事情时具备闭环思维。

闭环思维的理论依据是 PDCA 循环，又名戴明环（如图 4-5），由美国质量管理专家沃特·阿曼德·休哈特博士提出。它将质量管理分为四个阶段：P（plan，计划）、D（do，执行）、C（check，检查）、A（act，行动）。意思是，要按照"做出计划—实施计划—检查计划实施效果—对成功的计划予以肯定并纳入标准并将没有成功实施的计划留给下一循环解决"的过程来进行质量管理工作。

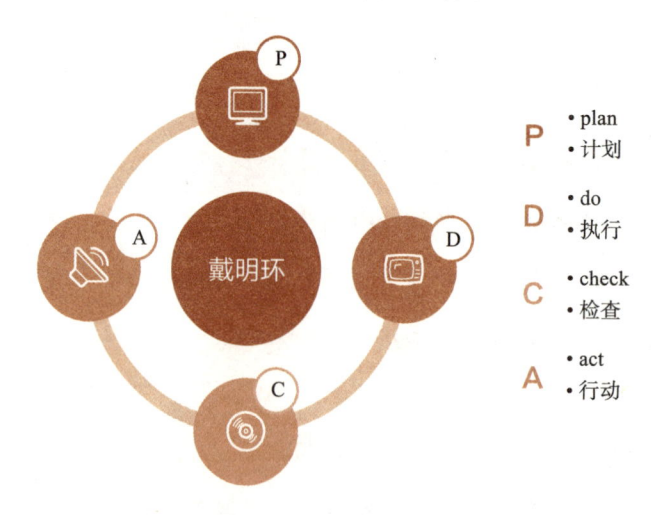

图 4-5 PDCA 循环是一种闭环思维

4 汇报：你真的会做汇报吗

这一循环现在不仅可用于质量管理工作，也适用于企业的各项工作，可以看作一件事情的"计划—执行—确认—反馈"的过程。当然，将事情做完不等于将事情做好，如果没有将事情做好，就需要将事情放入循环中继续运作，所以复杂点的循环是多个循环的连续。如果一个循环未将所有问题都解决，我们就要对其加以修订、调整，再将未解决的问题送入其中，如此不断循环，直到任务完成。

闭环思维可以让老板觉得，你一定会尽心尽力地完成他交给你的工作，而且他随时可以得到你的工作反馈，即使出了问题，你也可以及时补救。也就是说，在老板的心里，有闭环思维的人靠谱。

比如，在刚才的例子中，你跟进了那场市场活动。但这只是执行层面的，你还应该最终确认活动有没有准备好，并且向老板及时反馈结果。然而，你没有主动反馈结果，老板被迫询问，你还答不上来问题，老板自然会觉得你不靠谱。

根据闭环思维的核心思想，我们可以使用CAP式报告（如图4-6）来向领导汇报工作。

CAP式报告适合用于做总结性汇报。C，complete，就是已经完成的工作；A，analyze，就是对工作的分析、思考；P，plan，就是计划做什么。

在写周报时，按"本周成果—分析总结—下周计划"的顺序写，展现的就是闭环思维。

```
┌─────────────┐
│  CAP 式报告  │
└─────────────┘

        plan          complete
      未来计划         已经完成

            analyze
            分析总结

1. 描述现象，写出问题
2. 分析原因，找到根本
3. 行动计划，解决方案
```

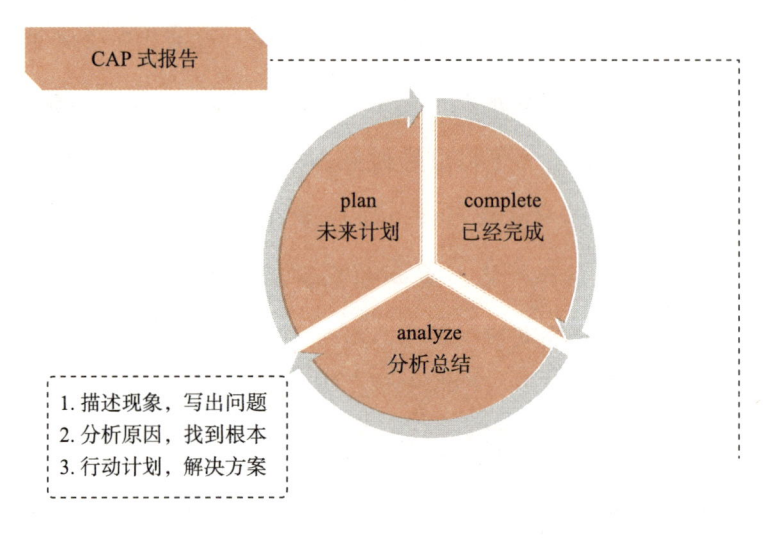

图 4–6　CAP 式报告结构图

我们来看看每部分具体要怎么写。

C 部分是对一段时间内工作内容的概括。要注意，报告的重点是你的产出，而不是你的工作过程。所以，写报告时一定要谨记一个原则——结果导向。你要展现你做成了什么，而不是做过什么。

我们还以跟进市场活动为例，如果你本周做的是这项工作，你应该怎么写周报呢？跟进市场活动是你做的事，而不是做成的事，你要着重在周报里写的，是你做的事带来的结果，那就是市场活动准备就绪。再比如，你本周做的工作是给新店铺选址，不要只写你考察了多少个店铺的位置、和相关的人都沟通了什么，这些都是过程。你要强调的应该是结果：确定几个备选店铺的位置。

A 部分是对工作的思考、分析、判断等，这也是报告中最能体现个人价值的地方。要写好这部分，我们需要遵循三个步骤、两种方法（见图 4–7）。

4 汇报：你真的会做汇报吗

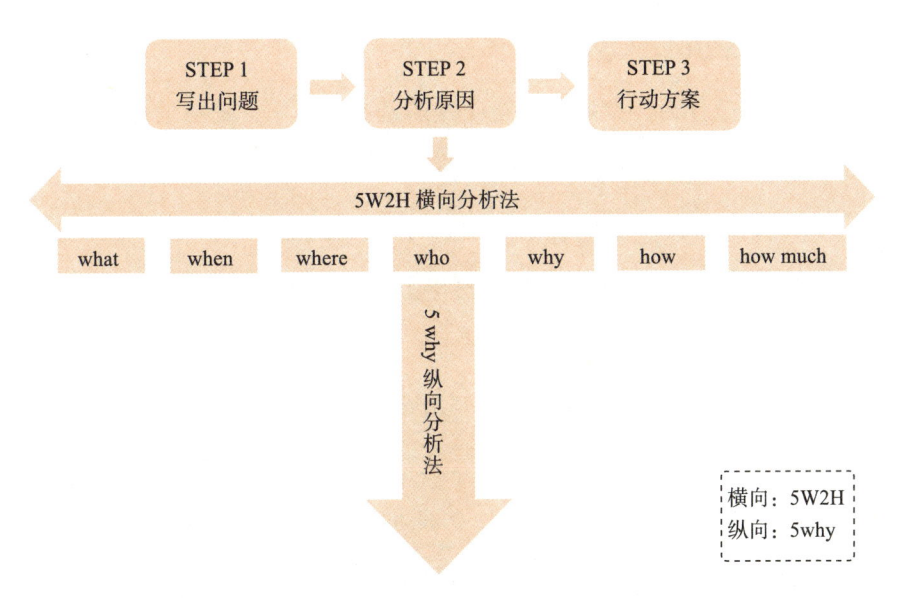

```
STEP 1          STEP 2          STEP 3
写出问题    →   分析原因    →   行动方案
                  ↓
←————————— 5W2H 横向分析法 —————————→
what  when  where  who  why  how  how much
              ↓
           5 why
           纵向
           分析法
                              ┌─────────────┐
                              │ 横向：5W2H  │
                              │ 纵向：5why  │
                              └─────────────┘
```

图 4-7　写好对工作的思考、分析、判断等的三个步骤、两种方法

我们先来看三个步骤：

第一步，写出你的思考，包括你发现的问题；

第二步，深度分析问题的原因，力求找出根本原因；

第三步，列出行动措施、具体方案。

这三步中的第一步比较简单，运用白帽思维[①]，有什么问题就写什么问题，把与汇报主题密切相关的现状准确、客观地描述出来。第二步是最关键的，要找准问题出现的原因。第三步，对症下药，列出解决问题的方案。那么，如何找准原因呢？这就要用到下面的两种方法了。

第一种方法是 5W2H 横向分析法。

---

① 在"六项思考帽"中，白色思考帽代表客观而中立的，白帽思维指的是寻求纯粹事实和数据。

所谓 5W2H 指的是：

what，是什么，也就是要写出做的是什么工作、做到了什么程度，可以列出具体的数据；

why，为什么，也就是要写出这么做的目的是什么；

when，什么时候，也就是要写出工作是在什么时候开始、什么时候完成的；

where，什么地方，也就是要写出在哪里做的工作、从什么地方入手做的工作；

who，谁，也就是要写出工作是谁负责的、谁完成的；

how，怎么做，也就是要写出具体的工作措施、方法；

how much，成本是多少。

我们需要通过这七个方面来探究问题所在。5W2H 可以使分析的过程更加全面、有条理，不会让我们感到混乱或者遗漏某些分析要素。比如，市场活动准备的过程有点不顺利，你原本认为是店铺的执行力不够，但用 5W2H 横向分析法重新分析后，你发现除了店铺的问题外，你在时间安排方面也存在问题。店铺很晚才得到通知，没有足够的准备时间，而且很多店铺也不太清楚为什么要做市场活动。可以看出，5W2H 横向分析法可以帮我们更加全面地分析问题，找到问题的原因。

第二种方法是 5why 纵向分析法。

这里的 5 是概数。5why 指从一个问题出发，不断地提问，提问的次数可能是 3 次，可能是 5 次，也可能是 10 次，直到你发现问题出现的根本原因为止。通俗点说，这个方法就是打破砂锅问到底。

市场活动准备过程不顺利的原因之一是店铺不清楚活动目的，但这肯定不是根本原因。那就接着问，为什么店铺不清楚活动目的？在调查中，店铺的人说，领导通知有活动，但也没具体说为什么要办这场活动。通过这次提问，我们就可以看出店铺的上游经销商通知得不到位。

那么我们就要继续往下问，为什么店铺上游经销商没有通知到位？后来发现，针对这次活动，店铺上游经销商仅对店铺进行了口头通知，而在以往的重要活动准备过程中，店铺上游经销商都是通过邮件通知店铺的。为什么店铺上游经销商只是口头通知店铺？原因在于，店铺上游经销商对这次市场活动的重视程度不够。那么我们可以继续问，为什么店铺上游经销商没有重视这次市场活动？原因是他们也不知道这次活动的主要目的是什么。

我们只通知店铺上游经销商要做市场活动，让他们做准备，并没有将参与活动的原因以及好处告诉他们，所以他们大多没有给予这次活动足够的重视，以为这只是一次普通的市场活动。也就是说，问题的根源是我们和店铺上游经销商的沟通不到位。这就是通过纵向分析法，连续询问，找到问题根源的过程。

通过第二步的分析，我们能发现问题：和店铺上游经销商的沟通不到位，店铺的准备时间不充分、执行力不够等。那么针对"店铺的准备时间不充分"，我们可以采取的解决方法，是与市场部门协调好工作的流程，保证以后再组织举办市场活动时，至少提前两周通知店铺上游经销商；针对"和店铺上游经销商的沟通不到位"，我们在今后的工作中能做的，是在每次举办活动前，与店铺上游经销商就活动的目标、对产品销售的益处进行充分沟通，尽可能地争取其支持，确保其能将这些信息准确传达给店铺；为了解决"店铺的执行力不够"问题，我们可以在每次活动举行的两天前，调取店铺库存表，让店铺陈列活动所需照片，并在活动举行的前一天走访店铺，确认店铺的准备情况。这些是在分析活动准备过程后，对日后工作制订的长远计划。

P部分是工作计划。

如果老板让你写下周计划，你可以从三个方面写：第一，继续跟进上周未完成的事项；第二，处理本周应该处理的事项；第三，针对上周出现的问题及暴露出的风险采取相应措施。

我们常见的下周计划可能是这样的：

一、整理周末市场活动销售数据；

二、确认待开店铺的位置；

三、走访客户。

写好计划是完成CAP闭环的最后一个步骤。要想让计划清晰、可执行，就要写出可衡量的数据。这份计划中明显只有行动，没有量化数据。那么，有可衡量的数据的计划是什么样的呢？

一、统计周末市场活动数据，周三提交销售报告；

二、周二和设计部门确认待开店铺的位置，并将信息反馈给店铺上游经销商与商场；

三、关注已运营新店铺，分析销售数据，周四进行店铺走访。

除了是否有量化数据外,这两份计划还有什么区别呢?第一份计划只有执行计划,没有确认、反馈计划,而在第二份计划中执行、确认、反馈的计划都很明确,其中甚至包括前期的准备计划,比如走访店铺之前要对店铺的销售状况进行分析。所以,第二份计划是目标思维的体现,这样的计划更清晰、更具体、更有可执行性。

最后,我们用一个简单的模板(见图4-8)把CAP式报告中的重点提炼出来,方便大家记忆和应用。

CAP 式报告

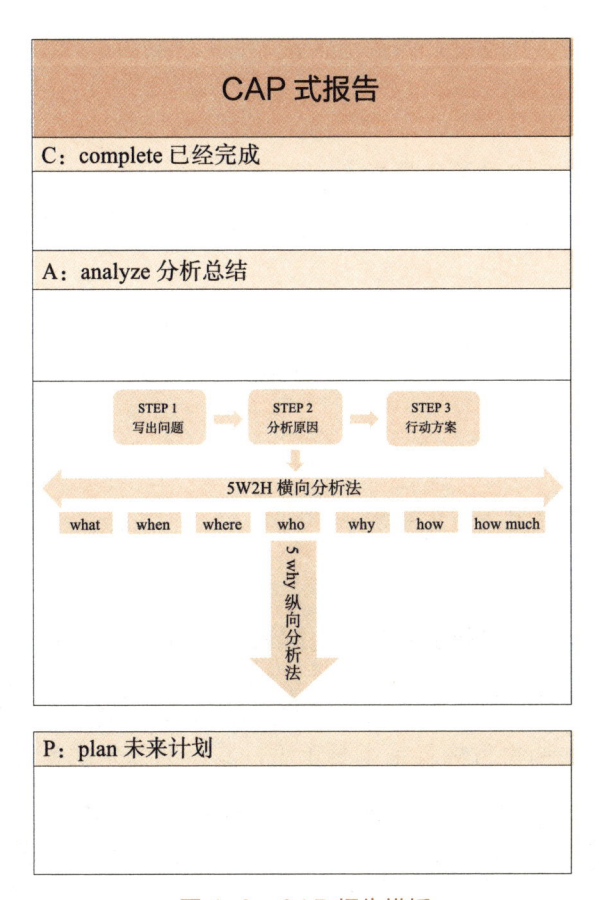

C:complete 已经完成

A:analyze 分析总结

STEP 1 写出问题 → STEP 2 分析原因 → STEP 3 行动方案

5W2H 横向分析法
what　when　where　who　why　how　how much

5why 纵向分析法

P:plan 未来计划

图 4-8　CAP 报告模板

OKR 式报告——计划型报告/目标规划型报告

OKR，全称 objective and key result，也就是目标与关键成果法。目标与关键成果法是一套明确目标、跟踪进程及其完成情况的管理工具。我们先来看一个例子。

> 有一天，老板忽然问小王销售目标的完成情况。
>
> 老板：小王，这个月你的销售目标完成得怎么样了？
>
> 小王：还没完成，正在努力。
>
> 老板：完成多少了？
>
> 小王：大概完成 70% 了。
>
> 老板：剩下的 30%，有没有把握完成啊？
>
> 小王：嗯，差不多吧。
>
> 老板：知道你是干什么的吧？
>
> 小王：做销售的。
>
> 老板：销售员的主要工作是什么？
>
> 小王：完成销售任务……

老板一连串的问题让小王的头上冒出了冷汗。

是的，对于销售员来说，完成销售任务是首要目标，也就是说在销售工作中，销售目标就是主要矛盾，其余的都是次要矛盾。那么，如何抓住主要矛盾呢？写好报告可以助我们一臂之力！

目标与关键成果法强调两点：第一，设定目标；第二，找到可衡量的关键结果。这套系统最初由英特尔公司制定,被引入谷歌后大放光芒,后在百度、华为等众多企业中得到使用和推广。

举个例子,某位销售员负责的店铺有新店铺和老店铺,他的总体目标是店铺的综合销售额保持平稳。由于新店铺的促销力度大,引流方式新颖,所以销售额的增长相对较快;老店铺由于客户购买意愿饱和度高,销售额略有下降。他用OKR法将销售目标写成:

O:本月销售额同比上月保持不变

KR_1:控制老店销售额下滑速度

KR_2:提高新店销售额增长速度

当然,关键结果的设置不是拆解出几个要素这么简单。之所以介绍目标与关键成果法,是因为它最大的特色就是聚焦、关注目标的达成。我们可以用这个工具来聚焦我们的目标,抓住主要矛盾。这一特色与销售的特点结合在报告中,就可以形成一个聚焦目标的OKR式报告。所以,在上面这个例子中,结合具体情况,要看是KR_1(控制老店销售额下滑速度)紧迫且重要,还是KR_2(提高新店销售额增长速度)紧迫且重要。无论怎样,我们最终要的目标是O(本月销售额同比上月保持不变)。

它主要包含四个部分:

第一,本周销售目标达成情况以及达成月销售目标的信心指数;

第二,本周需优先完成的事务;

第三,下周需优先完成的事务;

第四，风险及阻碍。

我们发现，OKR 式报告比 CAP 式报告更加具体且重点更明确，目标、需要优先完成的事务、风险等都和目标的达成有直接的关系，所以 OKR 式报告可以帮助我们集中精力聚焦关键成果，完成任务。

接下来，我们以写周报为例，看一看写 OKR 式报告时需要注意哪些事项。

<u>第一，列出目标和关键结果在本周的完成情况（见表 4-2），并标注完成月度目标的信心指数</u>。做到这一点比较容易，在每月月初设定好每周的销售目标以及关键结果，在每周周末通过简单计算就可以得到本周的进度。

表 4-2　OKR 式周报（OKR 式报告模板）

一、O：本周销售目标达成情况及达成月销售目标信心指数 　　KR_1 + 信心指数 　　KR_2 + 信心指数
二、本周优先完成事务（二八法则、四象限法则、相关矩阵）
三、下周优先计划事务（时间 + 事务 + 目标，有具体的可执行的步骤）
四、风险及阻碍（预警 or 寻求帮助）

完成月销售目标信心指数是对月度目标完成情况的判断，代表着写报告的人认为自己有多大可能实现自己的目标。我们可以用▲表示不能完成，用■表示需要帮助才能完成，用●表示能自己正常完成，用★表示超额完成，不同的图形使它更容易被识别。这样老板看到你的第一部分就能清楚你的本周目标完成情况以及月度目标的完成趋势，

4 汇报：你真的会做汇报吗

同时也会让你对自己的目标有清晰的认识。

- 对<u>整体</u>目标完成情况的判断
- 图形区分信心指数更<u>直观</u>
- 重点任务更加<u>明确</u>

信心指数

★ 超额完成
● 正常完成
■ 需要帮助才能完成
▲ 不能完成

图 4-9　用图形标记信心指数

比如，你的本周目标是所负责店铺的销售额比上周增长 20%。如果本周工作结束后，你发现本周实际完成了销售额比上周增长 20% 的计划，那么，你对于达成月度目标应该是比较有信心的，所以你可以将信心指数写成●。如果本周你使销售额增长了 21%，超过了预期的目标，且对完成月度目标非常有信心，那么你就可以选择★作为信心指数。如果本周新店的销售额增长没有达到 20%，可能需要他人的帮助才能完成月度目标，你的信心指数就可以写成■。

第二，**列出本周的优先事务并标注完成情况**。需要注意的是，在列出优先事务前，我们需要先对工作事务进行分类。OKR 式周报中的事务，可根据与关键结果的相关程度，分为与关键结果相关的事务和密切相关的事务两类，<u>优先事务就是与关键结果密切相关的事务</u>。

如果我们将关键结果设置为老店和新店的销售额分别增长，本周需要处理的工作事务为统计上周末市场活动数据、和设计部门沟通新店的选址、走访店铺并分析店铺近两周的销售业绩三项，那么选择优先事务需要的分析过程如下：

统计数据和销售额增长的关系不密切；新开店铺的选址与新店的销售额密切相关；走访店铺，可以找到店铺业绩下滑的原因，与关键结果密切相关（和经销商例行沟通，收集资料并开拓新的销售渠道等，也与关键结果密切相关）。

在本周需处理的三项事务中，有两项和关键结果密切相关，那么这两项事务就是优先事务（见表4-3）。

表4-3 优先事务

工作事务	与关键结果相关程度	优先事务
1.统计周末市场活动数据	关系不密切	
2.和设计部门开会沟通	密切相关	√
3.走访××店铺	密切相关	√

当然，这仅仅是个例子，在具体工作中要结合实际事务来判断哪些是优先事务。

和写CAP式报告时一样，写OKR式周报时，要注意描述本周工作成果，而不是工作过程，简单解释一下本周没有完成某些任务的原因。

第三，列出下周优先事务。 用找出本周优先事务的方法，找出下周优先事务。需要注意的是，对下周优先事务的描述要围绕着具体的可执行的工作步骤。如果下周优先事务是确定新开店铺的位置，那么你可能就需要与店铺老板、商场进行几次沟通，沟通的具体内容包括什么要写在周报中，因为只写"确定新开店铺的位置"，看起来像打几个电话就可以完成的任务，没有体现要沟通什么事情以及想要达到什么样的结果，会让周报看起来表述模糊、不具体。

第四，列出风险和阻碍。风险和阻碍是影响你是否能够完成计划的关键因素，你需要对它们有所察觉。将可能阻碍目标完成的事项，或者是无法独自完成、需要人帮助完成的事务列出来，和领导坦诚沟通。不要试图给领导"惊喜"，领导不喜欢这样的"惊喜"，提前预警，也许能找到更多、更好的办法解决问题。

报告不仅是领导布置的任务，更可以在工作中助你一臂之力。OKR式报告可以帮你更好地聚焦关键结果，达成目标。

FAB式报告——年终报告/述职报告/商业报告

我们平时见到的工作汇报PPT（演示文稿）模板通常是比较像的。PPT封面的标题一般诸如"×××部门2022年新年工作汇报"（见图4-10），"×××部门2021年工作总结暨2022年工作计划"等。很多人在做述职报告时，直接拿着这样的标题，改一改日期、改一改名字就用了。那么，这样做出来的报告可不可以用呢？倒是没什么大问题。我们现在来想象一下以下这个场景。你把这样一份报告递到领导手中时说："领导，您看看，这是我们部门今年的年终工作总结报告。"领导还有很多繁杂的工作要处理，接过这份报告，说："哎呀，我最近太忙了，现在没时间，等有空的时候我再看看。"说着，他扫了一眼你的报告，就将它放在了旁边。

那么，领导扫了一眼报告，看到的信息主要都包括什么呢？标题、

图 4-10　集团总裁办 2022 年新年工作汇报 PPT 封面

汇报人、汇报人所属部门、日期等。这些信息都是非常有价值的吗？并不是！领导看到了你的报告封面，却没能接收到你想传递给他的核心信息，这就相当于你浪费了宝贵的机会。

封面的标题是什么呢？其实就是金字塔结构中塔尖部分的内容，是整份报告的 G，是整份报告中最醒目的。还记得"结论先行"原则吗？在对方时间紧张、你想传递给对方的信息却很多时，一定要在报告最醒目的位置上用有限的文字表达出对方最想了解的工作，以及你所做的最核心的、最漂亮的那部分工作。这样，即使领导只扫了你的报告一眼，也能马上对你工作中最精彩的部分留下印象。

封面上的标题需要能表达出一定的内容、主题，不要说空话，喊口号。

我在企业授课时，请大家现场写出工作总结的金字塔结构，很多小组写出来的 G（工作总结标题）是这样：

《2021年物流部保质保量完成任务》
《二〇二一，永争第一》
《为推进公司早日上市贡献力量》
…………

看到这样的报告标题，我既有似曾相识的熟悉感，又有哭笑不得的无奈。相信很多企业的高管查收年度工作报告时，也会看到类似的报告标题。那么，假如你是要看这些年度工作报告的高管，会翻开哪一份报告看看？

我曾在课上提出了这个问题。有的学员说，都不想看，这些都是口号，又大又空。确实，高管一般都很忙，时间很紧，最想看的是一目了然、一针见血的报告。那么，如何写好年度工作报告的标题呢？我们可以把第一份报告的标题改为《2021年物流部通过精选承运商，优化内部流程，将准时到货率提高了50%》。显然，优化后的标题把做了什么直接说明白了。领导看到这样的标题，即使不看正文内容，也能了解2021年该部门的主要工作亮点是什么、工作结果是什么。

而现在第一个标题表述的就是我们常见的口号，喊得很响亮，但是经不起推敲。没有表明"保质"和"保量"的标准分别是什么、通过什么方式达成了"保质保量"的目标、有没有采取什么创新的方法，这个标题会让人觉得这份报告没有什么吸引人的亮点，没有让人继续看/听的欲望。

明白了工作汇报的封面该如何写，我们还要了解封面之后的内容该如何表述。

首先,要制定内容的框架,用内容的内在逻辑为每个模块排兵布阵,这样要表达的工作内容才能有序"出场"。我们以《2019年快递行业菜鸟网络专题研究:菜鸟诞生背景、投融资史、战略史、发展布局、阿里与通达系快递》的目录为例,来看一下我们需要制定什么样的内容框架。

目录

前言

1. 菜鸟诞生背景及投融资史

1.1 菜鸟诞生背景:应对B2C快速提升的物流体验

1.2 融资及投资历史

2. 菜鸟战略史:从天网、地网、人网到一横两纵

2.1 菜鸟:物流公司?科技公司?

2.2 初期战略:天网、地网、人网

2.3 中期战略:全链条网络,包括快递、仓配、末端、国际、农村

2.4 最新战略:第二个五年战略,"一横两纵"

2.5 菜鸟战略变化体现了阿里的核心利益

2.6 菜鸟战略变化体现了核心能力和能力边界

…………

可以看到,目录中这两章内容是按照从初期到中期再到近期的时间线布局的,非常清晰地介绍了菜鸟的战略发展过程,既展现了全局,

又包含细节,将内容梳理得非常到位。比如,对初期战略从不同的维度展开,包括天网、地网、人网。

那么,我们自己在写报告时要如何详细展开每一个要点呢?

我们要站在阅读者的角度思考一下,当看一页 PPT 时,我们的眼睛会先看哪儿呢?依照正常的阅读习惯,我们一般都会先看这一页的标题部分,那些最大、最亮眼、最吸引人的文字对吗?我们不一定将那些具体的数据、文字逐一读完,看标题部分,我们就会知道,这一页 PPT 在讲什么。所以,一定要把每一页的黄金位置充分利用好,做到结论先行。

图 4-11 是典型的麦肯锡风格的 PPT。我们可以发现,最上方的字可以不止一行,可以是多行。这些文字不是概括性的,不是口号式的,

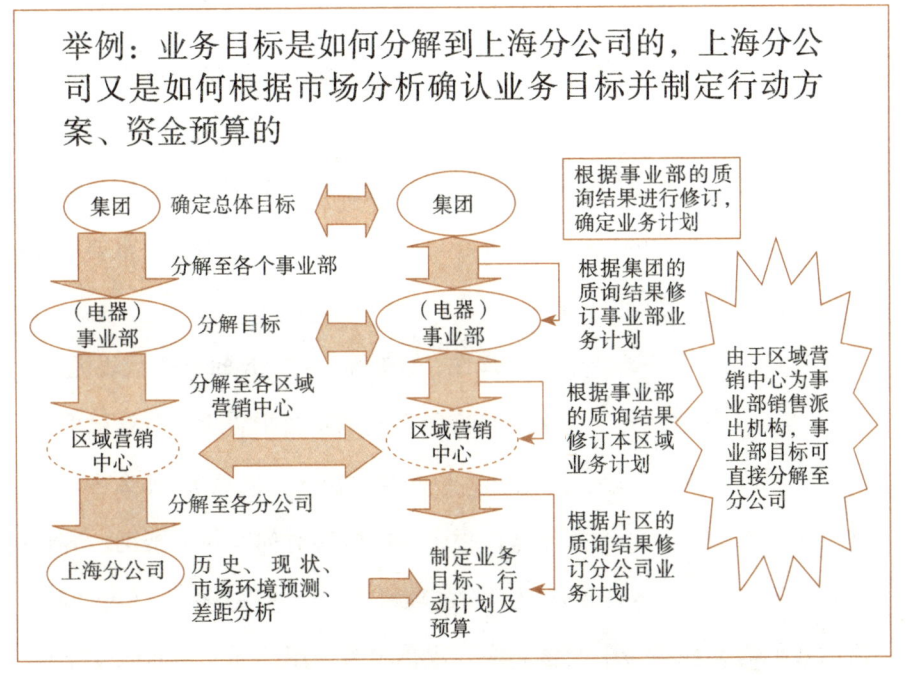

图 4-11 上海分公司业务目标分解

而是非常详细地阐述主题的文字。大字号具有视觉冲击力，使最上方的三行字分外醒目，让读者不得不把注意力放在这里。这三行字处于金字塔结构的第二层，也就是 A、B、C 那一层，如果将它们看作 A，那么它们就可以被看作 A_1、A_2、A_3 层的塔尖，也就是这一页中最重要、最核心的内容，是这一页的 G。

在麦肯锡的报告中，每页 PPT 的标题都非常重要。因为麦肯锡的咨询顾问在把他的报告递给客户时，可以说："您好！这是我的报告，您有时间就多看看，没时间也可以只看标题。"

一般将麦肯锡的 **PPT 中每一页的标题连在一起，就可以得到一篇完整的文章**。这就意味着，看 PPT 的人即使不看标题下面的内容，也能明白报告人想传递和表达的信息。可见，每一页的标题要承载非常有价值的信息。而很多人 PPT 报告上的标题部分都浪费掉了，写的是第一章第一节、第一章第二节等，这些没什么价值的文字占据了报告中寸土寸金的位置。

确定好每一页 PPT 中的标题之后，怎么写接下来的内容呢？我们可以和国内某行业的龙头企业学习一下，运用 FAB 原则这一重要的商业模型来组织标题以下的内容。

具体来说，F（feature）代表属性、数据等，A（advantage）代表优点，B（benefit）代表益处。如果我们在给客户的项目报告中，开篇就罗列数据，不体现客户思维，不挖掘客户的隐性需求（痛点），那么客户即使看了这些数据，也不知道这份报告中的内容对他有什么帮助。客户大概率不会将我们洋洋洒洒上百页的项目报告上的每一个字都看一遍，所以我们需要把报告中的核心内容提炼出来，用严谨、易懂的文字将核心内容放在最醒目的位置，方便客户用最快的速度捕获这些信息。

具体应该怎么做？我们在应用 FAB 法则时，需要将 F—A—B 的顺序调整为 B—F—A 的顺序。

B（benefit）：从利他的角度来说，我们要在报告开头的位置体现受众的利益和他们关心的价值。在明确了受众及其隐性需求之后，我们从受众需求出发，将方案的价值总结为一句话放在开篇。让客户第一眼就能看到自己的需求可以得到满足，这是最关键的。

比如，你要做一份高端人才引入的项目策划方案，你所在公司人力资源发展的隐性需求是搭建科研梯队，在同行业的新产品研发中抢先一步，那么，公司引入的高端科技人才不但要有很强的专业技术能力，而且要具有开拓创新精神。所以，你的项目策划方案的标题可以这样写——《××公司本年度内为搭建高精尖科研梯队并抢先研发、投产新品而引入具有开拓创新精神的领军者人才策划方案》。

F（feature）：尽量用图呈现数据。在报告的中间部分，我们需要将可以支撑方案益处的数据等信息以图表、概括性语句等形式展现出来，让受众既可以通过快速浏览的方式，了解数据的来源、价值等，也可以在需要的时候参考、借鉴这些数据。我们务必让报告中的数据准确、客观，可以注明数据的来源等，让数据的真实性、可靠性得到保障。

数据固然非常有用，但是我们不能只是简单地罗列数据，而需要适当地包装数据。估计没几个人有耐心解读满篇天书一般的数字加符号，所以，我们要尽量降低受众对这些信息的理解成本。报表中不是只有数据，我们可以用总结性的语句、色彩丰富的图形，甚至是故事案例，让枯燥的数据生动起来。这样，数据所传递出的信息有序又有力，受众对这些数据信息的理解自然会清晰又轻松，枯燥的内容会变得利于理解、利于记忆。

A（advantage）：优点放在结尾的部分，让读者的目光最后锁定在优势上，这会给读者留下深刻的印象。

有帮助孩子提高高考成绩的专家研究过，老师在批阅一篇 800～1000 字的高考作文时，没有时间逐字精读，目光在开头和结尾部分停留的时间最长。同样，在看报告时，领导也基本上会着重看开头和结尾。那么，F、A、B 这几个要素是如何排列的呢？图 4-12 即为

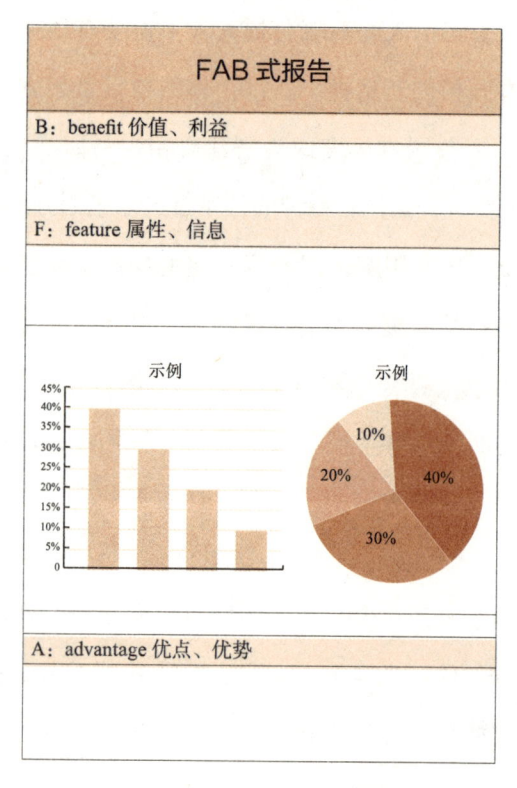

图 4-12　FAB 式报告模板

FAB式报告的模板。

下面给大家分享一个实战应用案例。

这是微软中国区的学员现场学习后,用标准图和FAB式报告做的总结(见图4-13、图4-14)。

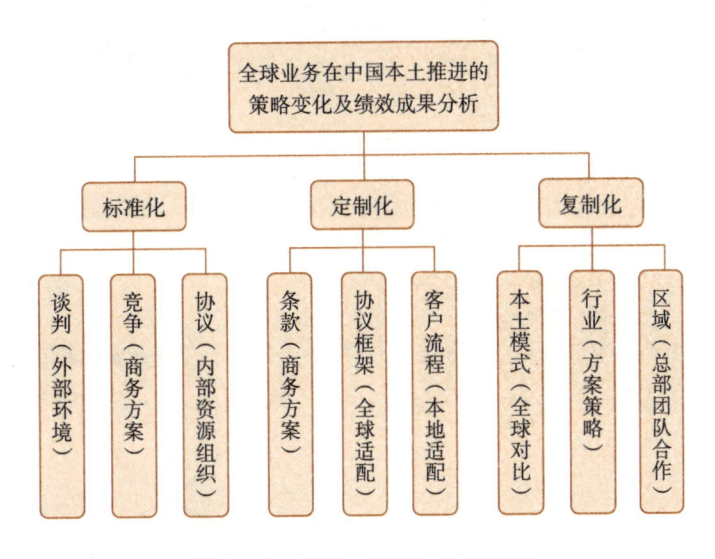

```
                全球业务在中国本土推进的
                策略变化及绩效成果分析
         ┌──────────────┼──────────────┐
       标准化            定制化           复制化
     ┌───┼───┐       ┌───┼───┐       ┌───┼───┐
    谈判 竞争 协议    条款 协议 客户   本土 行业 区域
   (外 (商 (内   (商 框架 流程   模式 (方 (总
    部  务  部    务 (全 (本   (全 案  部
    环  方  资    方 球  地    球 策  团
    境) 案) 源    案) 适  适    对 略) 队
            组         配) 配)   比)     合
            织)                            作)
```

图4-13 微软中国区标准图总结

图4-13是利用标准图分析微软全球业务在中国本土推进的策略变化以及绩效成果。其中第二层包含标准化、定制化和复制化三个方面。首先,全球业务的推进需要一定的执行标准;其次,在中国本土推进业务时,需要对策略做出一些调整,以适应本土的需求;最后,可以在中国不同的行业和区域,展开、复制本土化、定制化的内容。

我们可以看到,这一层的三个要素之间是有内在联系的,它们按照一定的先后顺序排列。第三层中的内容就是比第二层颗粒度更小的信息。

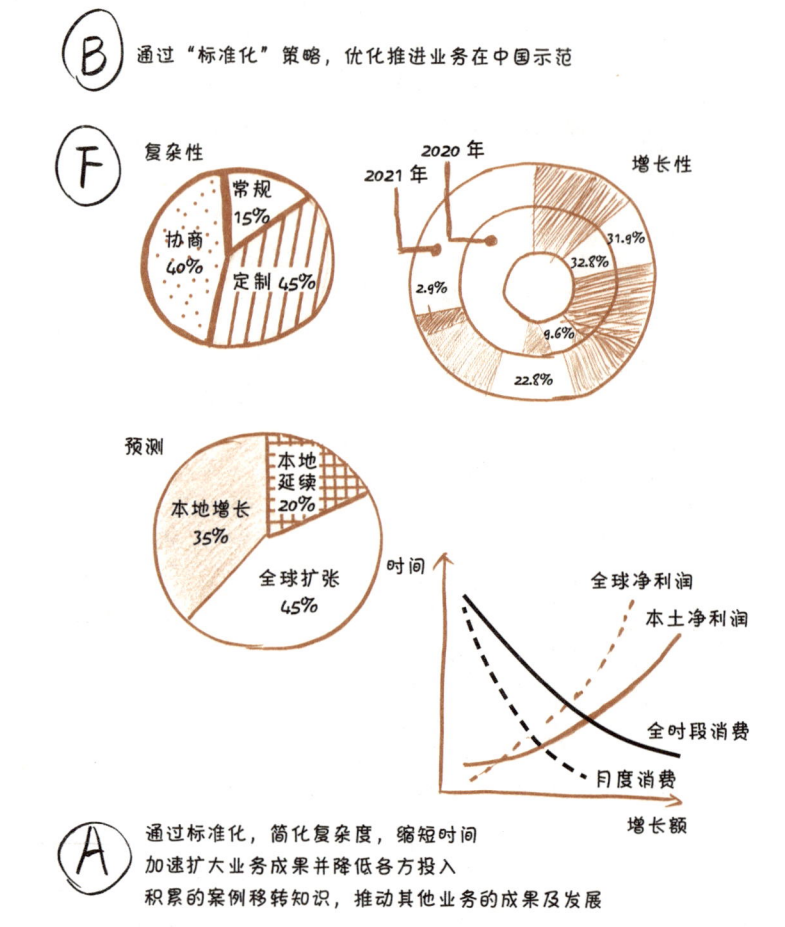

图 4-14 FAB 式报告示意图

图 4-14 是展开图 4-13 中的标准化，形成的 FAB 式报告。

首先，我们要根据受众的需求，确定 B 的内容。我们工作汇报的受众就是领导，从领导的角度看，做标准化的策略是为了实现更大的目标，优化推进业务在中国示范，这也契合了金字塔结构中的 G——全球业务在中国本土推进的策略变化及绩效成果分析。我们可以看到 B 的设置既不能偏离主题，又要符合受众的利益。

F部分列出了案例、相关数据等信息，使用图形等将数据化繁为简，体现出了分析能力。

A部分表明，我们通过做一系列动作，帮助企业降本增效，推动了公司业务成果的形成和发展。这样的表述也让这份报告的首尾呼应。

用标准图来梳理策略时，信息非常有序。我们在日常工作中，将工作内容拆分、重组，放到标准图中，可以让它们变得可视化。将每一项工作的细节备注在具体策略中，可以让读者一目了然地看到报告人在实施这项策略时做了哪些具体工作。

在写FAB式报告时，选取策略中的一项，把实施这项策略过程中的亮点提炼出来，作为B，放在最前端；然后可以用多种颜色的图形搭配文字来表述B部分，使数据看起来赏心悦目，而且容易记忆；最后要凸显这项策略的价值，强化自己的优势，用一句话把A部分说清楚。这样的报告化繁为简，重点突出，能很好地体现价值，即我们说的"四有报告"。

会看/听报告才是高手

其实，除了写报告，看/听报告也非常重要。这里所说的报告是广义的，包括领导发言、同事分享、下属汇报、老师讲知识……

沟通是双向的，我们会输出，也要会输入。输入是输出的前提，想清楚是输入这个环节的重点，能在大脑中将输入的信息安排得有结构、有条理，才能输出得更加清晰。

▲ 金字塔原理应用手册

有结构地看 / 听

我们要学会"有结构地看/听"。以在会议中听同事的发言为例，你要学会在有人侃侃而谈、说出自己的观点时，迅速在头脑中整理对方说话的逻辑并找出其中的关键内容，将你准备好的发言内容与听到的内容做对比，找出你的观点与对方的观点中的相同之处与不同之处。这样，到你发言时，你就知道该讲什么、不该讲什么，你的发言就会铿锵有力，观点明确，思路清晰。

在职场中，说服力非常重要，那么如何有说服力地表述观点呢？培养有结构地接收信息的能力非常重要，这直接影响我们表达的说服力。

通常情况下，接收信息的方法包含两种：第一种是看，也就是阅读，包括阅读文稿、字幕、书籍、邮件等；第二种是听，包括听发言、留言等。作为培训师，我必须保证信息的输入大于输出，所以，我有一个习惯，就是每天早上起床后利用洗漱、化妆的时间听书。现在很多APP都有听书栏目，大家可以听自己感兴趣或者和自己的专业对口的书。我们在这一部分所讲的看的方法也可以运用到听上。

请大家快速浏览下面这三段有关金字塔的文字（建议30秒之内看完），并找出其中哪句话可以作为金字塔结构中的G。

金字塔底座呈方形，愈向上方形愈窄，使金字塔构成方锥形建筑，其四面都形似中文的"金"字，因此中文称其为金字塔。

金字塔有着很神奇的传说与力量。它贮存着一种奇异的"能",能使尸体迅速脱水,加速尸体"木乃伊化",等待它们有朝一日的复活。据说,假如把一枚锈迹斑斑的金属币放进金字塔,不久金属币就会变得金光灿灿的;假如把一杯鲜奶放进金字塔,24小时后取出,鲜奶仍然鲜美清新;如果你头痛、牙痛,到金字塔去吧,一小时后,金字塔能帮人消肿止痛的效果就会显现出来,你会如释重负;如果你神经衰弱、疲惫不堪,到金字塔去吧,几分钟或几小时后,你就会精神焕发、气力倍增;等等。

金字塔的神奇功效吸引着世界各地的游客。

我在课堂上给大家看这几段文字时,阅读速度特别快的学员能在很短的时间里脱口而出,说:"老师,G是最后一句!'金字塔的神奇功效吸引着世界各地的游客。'"每到这时,我都笑而不语。接着会有人提出不同的意见,说:"第二段的第一句'金字塔有着很神奇的传说与力量'应该是G吧?"据粗略统计,我的课堂上有98%的概率会出现这样的意见分歧。

一座金字塔只能有一个塔尖,这三段文章里只有一个G,两种不同的意见中有一个是不对的。我们来分析一下,先看最后一句"金字塔的神奇功效吸引着世界各地的游客"。G中的关键词一般是名词、动词、数量词。如果我们将这一句当作G,其中的关键词便是功效、吸引、游客。我们尝试着把它们放在金字塔结构里,然后进一步拆解出A_1、A_2、A_3、B_1、B_2、B_3、C_1、C_2、C_3(见图4-15)。

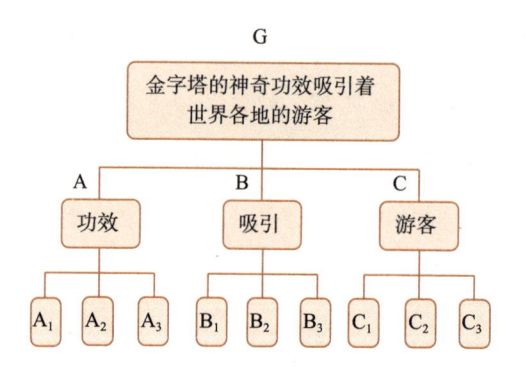

图 4-15　金字塔语段关键词分析 1

C 是游客，那么 C 的下一层就要对 C 做出解释。大家可以想一下，当我们作为游客出去旅游时，都会做点什么呢？品尝当地美食，欣赏当地美景，了解风土人情，看看名胜古迹，拍拍照，购购物……但是原文中并没有这些内容。当没有 C_1、C_2、C_3 等支撑 C 时，C 便无法成立，C 也就无法支撑 G。以这样的思路判断，最后一句就不能作为全文的主题句（见图 4-16）。

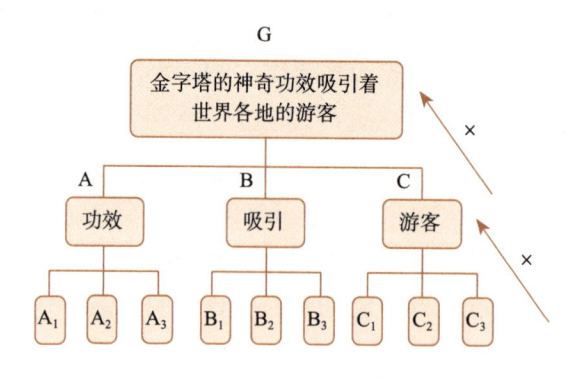

图 4-16　金字塔语段关键词分析 2

文中的第二段讲了很多"金字塔的神奇功效"，但是没有体现出第三段所说的"吸引着世界各地的游客"。我们可以推测出，文章接下来要讲这方面的内容。这句话在全文中起的作用是承上启下，它没有总结出这三段文字的核心内容。

我们还有一个备选项，第二段的第一句"金字塔有着很神奇的传说与力量"。这一句的关键词是"与"连接的两个并列的词语"传说""力量"，所以金字塔结构中的 A 与 B 分别是"传说"和"力量"（见图 4-17）。

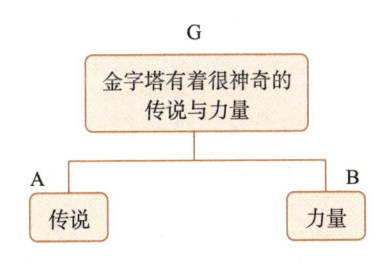

图 4-17　金字塔语段关键词分析 3

顺着我们刚才的思路继续分析，找出 A 的下一层与 B 的下一层分别是什么。很多学员会在此时陷入对内容的纠结中，思考哪些话讲的是传说、哪些话讲的是力量。其实有一种方便、准确的工具可供我们使用——标点符号。

标点符号在文章中有什么作用呢？有人会脱口而出，说"断句"，其实不同的标点符号有不同的作用。如果标点符号的作用就是断句，让人在读文章的时候能有喘气的时间，那么我们只用逗号就可以了。实际上，标点符号不但可以帮助我们抒发感情、表达情绪，还能帮助我们整理文字信息的逻辑，将堆砌在一起的文字划分出层次。

"金字塔有着很神奇的传说与力量"后是句号，接下来的句子是"它贮存着一种奇异的'能'，能使尸体迅速脱水，加速尸体'木乃伊化'，等待它们有朝一日的复活"，这句话的第一个字"它"代指上一句中的金字塔，可见这句话是对前一句话的解释说明。那我们来看看这句话说的是传说，还是力量呢？木乃伊能在金字塔中被快速风干，说的是金字塔的力量，但是木乃伊复活并不是真的，一定是传说。

接着，"据说，假如……；假如……；如果……；如果……"这一句中用了三个分号，让四个分句并列，说明这句话表述了四件有相似之处的事情。那么这句话说的是关于金字塔的传说，还是金字塔的力量呢？把锈迹斑斑的金属币放在金字塔里，金属币就会变得金光灿灿的，这是在说它有除锈的力量；把鲜奶放在金字塔里一整天，鲜奶也不会变质，这是在说它有保鲜的力量；金字塔能缓解人的头痛、牙痛，这是在说它有止痛的力量；金字塔能让神经衰弱、疲惫不堪的人精神焕发，这是在说金字塔有解乏的力量。很明显，这是金字塔的四种神奇的力量。

分析完这段话，我们就得到了一个金字塔结构图（见图4-18）。

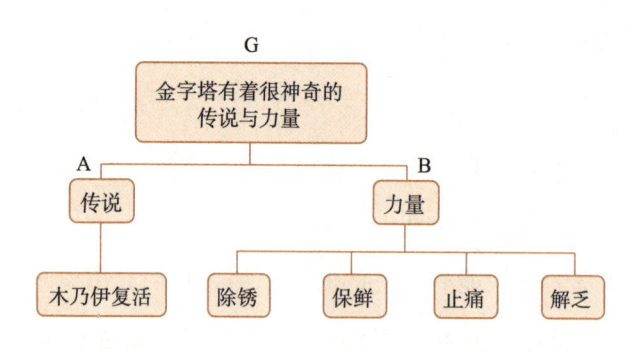

图4-18 金字塔语段关键词分析4

例子中一共有三段，我们刚才分析了第二段与第三段，那么第一段在金字塔结构中有什么作用呢？我们可以看出，这一段讲的是金字塔中文名字的由来，可作为整篇文章的序言。我们在前文中讲序言时说过，如果文章中有序言，就要在画它的金字塔结构时体现出来。所以第一段和第二段的完整金字塔结构应该是这样的（见图 4-19）。

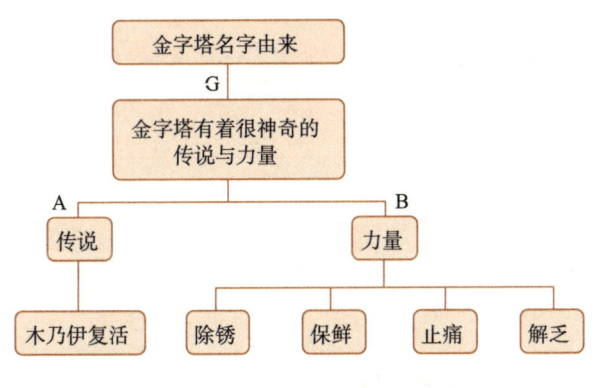

图 4-19　金字塔语段的金字塔结构图

我们是不是在头脑中画完了金字塔结构图，就可以直接将其作为要输出的信息了？并不是。在头脑中画出金字塔结构图只是完成了在头脑中整理和思考信息的过程，还没有做到让信息变得可直接表述。

举例来说，有一天你的领导见到你说："××，我给你发的邮件，你看了吗？"你说："领导，我看了！"领导说："来，你给我讲讲，这封邮件里都说了什么呀？"这个时候，你非常想拿出看家本领，就对领导说："领导，我给你画一张金字塔结构图，把邮件里的内容完完整整、有条有理地放在图里，这样看起来特别清楚。"领导说："我哪有时间等着你给我画图，你就一张嘴，用一句话说明白，不就行吗？"

我们在接收信息后，要能做到将信息有条理地表达出来。只用纸和笔将金字塔结构图画出来的不是高手。脑中有图、出口成章的人，才是高手。

▲ 金字塔原理应用手册

利用公式表达

头脑中有了金字塔结构图之后，我们可以用"表达公式"，将图中的信息代入下面这个公式中，实现对文章内容的一句话概括。

____在_____的基础上，从_____、_____、_____个方面，说明了_____。

我们来尝试一下，把金字塔结构图中的内容代入公式中：

这几段文字在金字塔中文名字由来的基础上，从能让尸体快速脱水以等待它们复活、除锈、保鲜、止痛、解乏等五个方面，说明了金字塔有着神奇的传说与力量。

金字塔结构图中由上至下的内容即体现了文章的"总—分"结构，也就是说金字塔结构中的内容由上至下越来越详细，信息颗粒度越来越小。那么我们在向他人表述其中的信息时，表述到哪一层呢？这取决于受众的需求到哪一层。还记得我们在前文中讲结论先行时讲过的"他需要"吗？我们要表达的信息颗粒度，取决于受众的需求。

通常，我们先用公式将主要信息或者最有价值的信息表达出来。受众听完之后，对其中的哪一个部分感兴趣，我们再有针对性地展开讲解，点对点地给出信息，这样会提高沟通效率。

从接收信息到表达信息的四个步骤

明白了如何用金字塔结构看/听文章,以及如何介绍文章,我们可以梳理一下从接收信息到表达信息的四个步骤(见图4-20)。

第一步,提炼主题。把信息中的观点或者对信息的判断总结、提炼出来。主题可以是原文中的语句,也可以是自己概括的一句话。

第二步,寻找对应。找出论据与主题之间的对应关系,用论据对主题进一步阐述说明。

第三步,制作成图。将信息准确放入金字塔结构图中,使其符合标准图的四大特质。

第四步,表达公式。用一句话把头脑中的金字塔结构图言简意赅地表达出来。

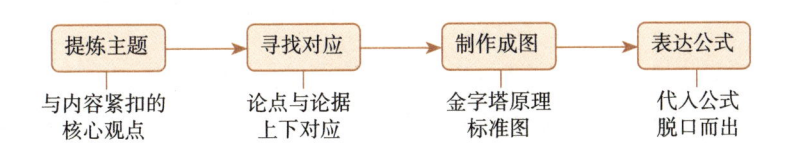

提炼主题	→	寻找对应	→	制作成图	→	表达公式
与内容紧扣的核心观点		论点与论据上下对应		金字塔原理标准图		代入公式脱口而出

图4-20 接收信息到表达信息的四个步骤

这四个步骤会帮助我们完成从信息输入到信息输出的全过程。

练 习

阅读下文,提炼出其中的金字塔结构。

以终为始的一个原则基础是"任何事都是两次创造而成的"。我们做任何事都要先在头脑中构思,即智力上的或第一次的创造（mental/first creation），然后付诸实践，即体力上的或第二次的创造（physical/second creation）。"以终为始"的原则适用范围极广。明白了两次创造的道理，把制定目标看得与实践本身同样重要，影响圈就会日益扩大，反之就会日益缩小。换句话说，习惯一谈的是"你是创造者"，习惯二谈的是"第一次的创造"。

以终为始的另一个原则基础是自我领导，但领导（leadership）不同于管理（management）。领导是第一次的创造，必须先于管理；管理是第二次的创造，会在第三个习惯中谈到。用彼得·德鲁克和华伦·贝尼斯的话来说："管理是正确地做事，领导则是做正确的事。成功，甚至求生的关键并不在于你流了多少血汗，而在于你努力的方向是否正确，因此无论在哪个行业，领导都重于管理。"

以终为始最有效的方法，就是撰写一份个人使命宣言，即人生哲学或基本信念。宣言主要说明自己想成为怎样的人（品德）、成就什么样的事业（贡献和成就）及为此奠基的价值观和原则。制定个人使命宣言必须从影响圈的核心开始，基本的思维定式就在这里，即我们用来观察世界的"透镜"。

"安全感"代表价值观、认同、情感的归属、自尊自重与拥有个人的基本能力。"人生方向"是地图和内心的准绳，人类以此为解释外界事物的理据以及决策与行为的原则和内在标准。"智慧"是人类对生命的认知、对平衡的感知和对事物间联系的理解，包括判断力、洞察力和理解力。"力量"则指采取行动、达成目标的能力，它是做出抉择的关键性力量，也包括培育更有效的习惯以替代顽固旧习的能力。它们相辅相成——安全感与明确的人生方向可以带来真正的智慧，智慧则能激发力量。若四者全面均衡，且协调发展，便能培养高尚的人格、平衡的性格与完美的个体。这四者相辅相成，安全感与明确的方向可以带来智慧，智慧则能激发行动。若四者十分健全且均衡发展，便能产生高尚的人格、平和的个性与完美正直的个体。一个人的安全感一定介于极度不安全和极度安全之间，前者说明你的生活总是被变幻莫测的外力所干扰和左右，后者说明你对于自己的真正价值有着清晰而深刻的认识；人生方向也有两个极端，一个以"社会之镜"及其他不确定的变化性因素为基础，一个以坚实的内在方向为基础；智慧则一端是完全扭曲事实的错误地图，一端是所有事物和原则都适度关联的正确地图；就力量来说，最低层次是成为别人手中的提线木偶，事事由人，最高层次就是完全依照自己的价值观行事，不受外人和外界的干扰。这四者的成熟程度，它们之间的平衡、协调和整合的情况，它们对生活各方面的积极影响，都取决于你的基本思维定式。以工作为中心、只知埋头苦干的"工作狂"，即使牺牲健康、婚姻、家庭与人际关系也在所不惜。他的生命价值只在于他的职业或工作——医生、作家或演员……正因为他们的自我认同和自我价值观都以工作为基础，所以一旦无法工作，便失去了生活的意义。任何妨碍工作的因素都很容易影响到他们的安全感；他们的人生方向取决于工作需要；而智慧和力量也只限于工作领域，无益于其他生活领域。以原则为中心的人会保持冷静和客观，不受情绪或其他因素的干扰，综观全局——工作需要、家庭需要、其他相关因素以及不同决定的可能后果，深思熟虑后才做出正确的选择。

以原则为生活中心的人总是见解不凡，思想与行为也独具一格，而坚实、稳定的内在核心赐予他们的高度安全感、人生方向、智慧与力量，会让他们度过积极而充实的一生。每个人都有特殊的职责或使命，他人无法越俎代庖。生命只有一次，所以实现人生目标的机会也仅止于一次……追根究底，其实不是你询问生命的意义何在，而是生命正提出质疑，要求你回答存在的意义为何。换言之，人必须对自己的生命负责。

确定角色和目标。人生在世，扮演着各式各样的角色——为人父母、妻子、丈夫、主管、职员、亲友，同时担负不同的责任。因此，在追求圆满人生的过程中，如何兼顾全局，就成了最大的考验。顾此失彼，在所难免；因小失大，更是司空见惯。

（节选自《高效能人士的七个习惯》）

4 汇报：你真的会做汇报吗

解 析

我们可以将以上文字的主要信息提炼至金字塔结构图中（见图 4-21）。

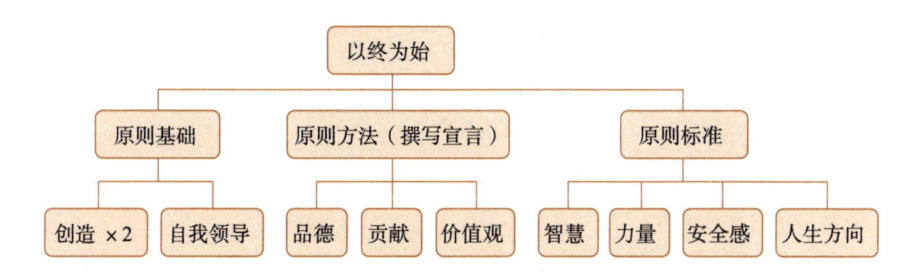

图 4-21 "以终为始"的金字塔结构图

以上文字可以用表达公式总结为：作者从原则基础、方法和标准这三个方面，讲解了高效能人士七个习惯中的第二个习惯"以终为始"。

5

解决：职场竞争的终极要素是解决问题的能力

身处职场，我们每天的工作过程就是一个个分析问题与解决问题的过程。了解如何高效地完成新任务、如何快速应对突发问题、如何解决棘手难题，我们才能面对挑战。分析与解决问题能力的高低，是衡量职场人职场价值的直观要素。

5 解决：职场竞争的终极要素是解决问题的能力

如何在资源短缺的情况下解决问题？如何快速应对客户的质疑？如何利用工具找到更多、更有价值的问题解决方案？

解决问题的能力直接体现了员工的能力和企业的竞争力。我们需要一套行之有效的方法、工具或流程，以快速抓住问题的本质和重点，精准有效地提升分析问题能力、决策能力等思维能力。引入金字塔思维，将使我们分析问题和解决问题的过程更有序、有效。

问题分析解决的标准流程是：发现问题→分析问题→解决问题。随着时代的变化，身处智能时代的我们在解决问题时，不仅要能找到一般的问题解决方案，而且要能找到非常有效的问题解决方案。因此，不是找到答案就好，而是找到好答案才好。这就要求我们在具备清晰逻辑的基础上，有举一反三的创新精神，这样才能事半功倍，为组织创造更高的绩效。

创新型问题分析解决的流程在标准流程中加入了创新性思考、优化评估，以及总结、复盘的部分，使问题分析解决流程更加全面和完整（见图 5-1）。

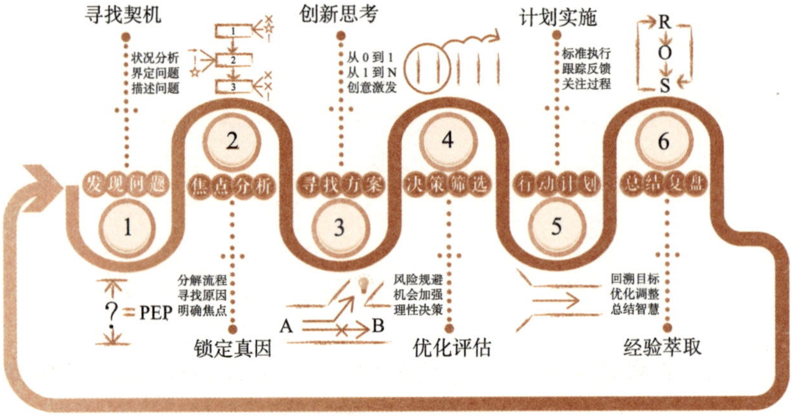

图 5-1 创新型问题分析解决流程透视图

下面我们先来拆解标准版，再将创新性部分融入其中。

发现问题，寻找契机

爱因斯坦曾说："如果给我一个小时解答一道决定我生死的问题，我会花 55 分钟弄清楚这道题到底在问什么。一旦清楚它到底在问什么，剩下的 5 分钟足够我回答这个问题。"这充分说明，要解决问题，就要先将问题分析清楚，寻找解决问题的契机。

明确问题的"三件套"

问题的"三件套"包括：第一，什么是问题；第二，什么情况下会没有问题；第三，如何描述问题。

那么，什么是问题呢？

对问题的界定需要把握两个要素：理想状态（目标、标准、KPI、期望等）与实际状态（资源、进度、业绩等）。其实，实际状态、理想状态都属于背景 S，而实际状况和理想状况之间的差距就是冲突 C，这种差距引发了问题 Q（见图 5-2），于是努力缩小两者之间差距的过程就成了分析和解决问题的过程（见图 5-3）。

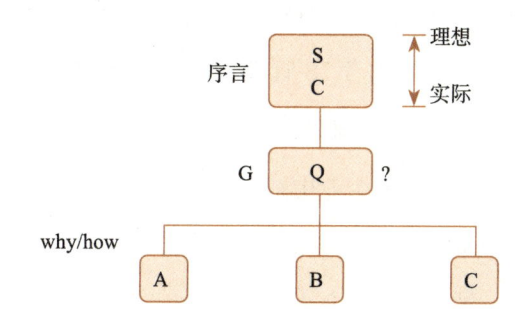

图 5-2 实际状态和理想状态之间的差距引发的问题

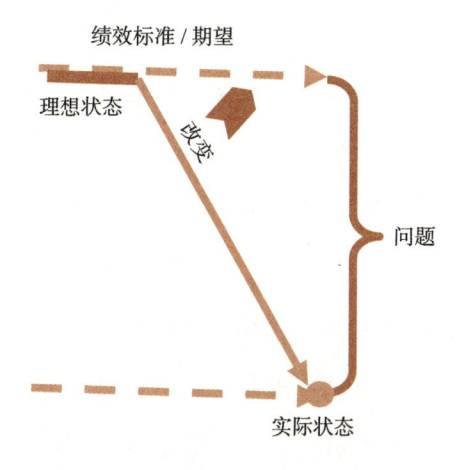

图 5-3 努力缩小差距，解决问题

找出问题后，我们就要思考一下，是否存在没有问题的情况。

第一种情况，当实际状态符合理想状态，比如实现业绩达到了 KPI 的要求，理想状态与实际状态之间的差距就不存在。这种情况下，就不存在两者的差距引发的问题。

第二种情况，如果没有理想状态，无欲无求，就只存在实际状态，不存在实际状态与理想状态之间的"差"，问题似乎也就不存在了。慎重起见，我们还是将这种情况放在实际工作场景中探讨一下。

很多企业实行了管理标准化的制度，借鉴丰田的 4S 管理方法，衍生出精益生产的 5S、6S 或者 7S 管理方法。但不管管理方法制定、实施到哪一个阶段，有一件基础的管理工作是很多企业一定要做的，那就是"定点定位"。在不少企业中，大到生产车间的机器设备管理，小到办公桌的管理，都需要做定点定位。

假设你所在的公司要求给办公室里的水杯定点定位：每个人都在桌子的正中间，用黑色胶带贴出一个方形，用楷体 12 磅的字在方形中间写上"水杯"两个字，然后把水杯放在上面，每次用完水杯之后，都要将水杯归位。

然而，公司还要求每天都擦桌子，过了几天，胶带就被擦掉了。

忽然，公司通知今天下午要检查各个办公室的定点定位情况，你想赶快把水杯的定点定位标志补回来。由于时间紧张，你没有黑色胶带，也来不及测量出桌子的正中间在哪里，只能在桌子的一个角上用黄色胶带贴出了一个圆圈，用宋体 18 磅的字，在圆圈中间写上了"水杯"两个字。

你所做的和之前公司要求的有很大差异，但当负责人来检查时，看到了水杯的定点定位后，在考核表上打了一个√，对你说："合格，没问题。"

那么这样的状况，真的没有问题吗？很明显，不是的。你没有按照公司的要求做定点定位工作，实际做的和公司的要求是有差距的。那么，负责人为什么说你做得没问题呢？因为这位负责人犯了"用现状来评价现状"的错误，也就是说，他无视标准，将现实状态当成理想状态，这样理想状态和现实状态之间的"差"不存在了，他就认为没有什么问题了。

这种情况在我们的实际工作中比比皆是，很多做法貌似没什么问题，但其实蕴含着大问题。

现在大家再想一想，无欲无求，不设定理想状态就等于没有问题吗？当然不是，这可能会为未来埋下很大隐患。

第三种情况，就是实际状态高于理想状态。这样是不是就没有问题了呢？

有一次，我讲课时，刚说到这里，一位做销售工作的学员马上举手说："No，no。老师，这是大问题，这说明目标定低了。我们做销售工作的人都知道，如果你连续几个月都超额完成任务，领导才不会让你一直那么舒服地拿超额奖金呢，他很可能会说：'最近表现得不错，能力很强嘛，我相信你还能创造更大的价值，下个月的销售目标提高50%！'"领导会让理想状态高于实际状态，就是因为他发现自己给员工定的目标有问题。

我们可以看到，只有在第一种情况中，实际状态与理想状态重合时可以称得上是没有问题的，另外两种情况中没有问题其实是伪命题。

接下来，我们来看一下如何描述问题。

清楚描述问题的重要性

描述问题是我们做问题分析、解决问题的前提，对问题的描述直接影响解决问题策略的方向和问题的解决质量。试想，如果你想让他人协助你一起解决问题，但你连问题都说不清楚，那么大家该如何分析、沟通？领导怎么给你资源？其他同事怎么配合你？所以，把问题说清楚很重要。

我的学员A善良、憨厚，是一位模范丈夫。他每个月发了工资，第一时间就将工资交给妻子。

我们假设学员A每个月的工资是5000元，以往每个月交给妻子的也是5000元。

情境一：

这个月不一样了，学员A发了工资后，只交给妻子3000元。这样的实际状态和妻子头脑中的理想状态是有差距的，于是她直接问学员A："那2000元怎么补上？"这个问题问得好，直接问到了点子上。作为模范丈夫的学员A想解决妻子提出的问题，补上那2000元。于是他东拼西凑，在这儿找到1000元，在那儿找到500元，后来又翻出来300元，凑出了1800元。还有200元实在是凑不上了，妻子说："算了算了，吃个饭，打个车，200元就没有了。原谅你了，这件事翻篇儿了。"

学员A东拼西凑的过程就是努力缩小实际状态和理想状态之

间差距的过程，两者之间的差距在他的努力下从 2000 元变成了 200 元。最后学员 A 的妻子将对学员 A 的期待从让他补 2000 元调整为补 1800 元，问题最终解决了。

情境二：

学员 A 这个月只交给妻子 3000 元工资。妻子问："怎么只有 3000 元？"在这个情境中，即使学员 A 东拼西凑出 2000 元也是没用的。因为妻子的问题不是那 2000 元去哪儿了或者怎么补上，而是这个月为什么上交的是 3000 元。学员 A 解释道："哎呀，这个月迟到了几次，而且没有完成月度指标，所以我这个月的工资只有 3000 元。"

大家看，不同的问题，就会引出不同的答案。找不准问题，肯定是不能解决问题的。

情境三：

学员 A 只发了 3000 元的工资。妻子收到这 3000 元时说："哼，邻居家的丈夫一个月的工资怎么有 5 万元？"这个情境中的矛盾升级了，学员 A 要做的不是东拼西凑地找到 2000 元，也不是解释为什么这个月只发了 3000 元的工资，而是要解决邻居家的丈夫比他的工资高的问题。

大家看，如果问题问得不好，可能会让问题升级，甚至让矛盾转移。在这个情境中，学员 A 和妻子之间的"战火"很可能会波及邻居家。

通过这样几次情景模拟，我们很容易理解，把问题问清楚多么重要。那么，想一想，我们自己在实际工作中，都是怎么描述问题的呢？

看一下这张图（见图5-4），你第一眼看到的是什么？

大多数人会脱口而出：三角形。

如果再仔细看看呢？答案就会有变化，可能是不完整的长方形、有缺口的正方形和不完整的圆形。

图5-4　能得出多种答案的图形

到底哪个答案正确呢？其实，几个答案都不是绝对正确或绝对错误的。大多数人的大脑第一时间接收到的信息是三角形，是因为我们的大脑自然状态下的意识反应现象受格式塔效应的影响。当我们没有办法接收到完整的信息时，大脑会自动添加线索，让信息变得完整。这张图中三角形的三条边并不完整，我们看了一眼后，我们的大脑就自动将它的三条边补齐了，这一补齐的过程是自动发生的，而非我们刻意为之。

请大家回想一下：我们看电影、看小说，或者听别人讲故事时，大脑是不是会自动补充很多情节？我们总是一边看，一边忍不住自行完善其中没有交代清楚的线索、背景等。这就是格式塔效应起作用的表现。

当你身边的人向你描述一件事情时，他会不会将事情中的每一个细节都毫无遗漏地描述出来？如果真有人这样向我们描述事情，我们很可能会觉得他啰唆，并且打断他，对他说："讲重点。"然而，他如果只说重点，我们的大脑就会将一些他没有说但我们自己想到的情节补充进去。如果我们补充的并不是对方想要表达的事实，我们与对方的信息就会不对称。

如果我们在听对方说话时，还受到信息开关效应的影响，更大的麻烦就来了。

比如，某个人正在给你讲一件事，你听着听着，觉得"似曾相识"，说："哦，这事儿我知道！"当你说这句话时，你的大脑里就已经出现过事情的经过、结果了，而且你既然觉得自己知道的和他即将说的一样，那么你的大脑接收信息的通道就关闭了。可以想见，事实上，你知道的未必和他要说的完全一样。你对自己已经了解的事件的判断下得越早，得到的客观信息就可能越少；你自己给事件补充的信息越多，在做相关事情时出错的概率也就越高。

我们如果反过来想，将自己当成叙述者，也就能够理解，我们在描述问题时传递出的客观信息占比越少，对方在其中添加主观理解的可能性就越大，就越可能引发误解和偏差。

小李是一位部门经理，一个月前他所在的部门来了一名实习生。有一天，领导问他："你们部门新来的那个实习生表现得怎么样啊？能不能通过试用期？你们部门是否决定录用他呢？"这个时候他回答："不行，不行，绝对不行！现在的小孩太没有组织性和纪律性了，他特别爱迟到，总迟到，天天迟到。我们部门坚决不能录用这样的人！"

如果你是这位提问的领导，听到小李这样说的第一反应是什么呢？

我在课堂上提出这个问题时，学员们的第一反应包括："了解一下他为什么会迟到，是不是有什么生活上的困难？""了解一下除了迟到，他在工作中的其他方面表现得怎么样？""问部门经理：'你是经理，你怎么管理员工的？'"……

如果你的第一反应是这些，那就说明你默认了部门经理向你反馈的他"天天迟到"是事实，实际上，这名实习生真的每天都迟到吗？不一定。为了避免格式塔效应让我们过早判断和产生误解，我们的第一反应应该是让数据"说话"。

领导对部门经理说："哦，是这样啊，那把上个月的考勤记录拿来，我看一下他是不是像你说的那样天天都迟到。"结果，考勤记录表里记录了这名实习生上个月一共上班22天，迟到了3次。其中，有一次迟到的时间比较长，有半个小时，但是备注里写着他当天上班时乘坐的地铁出现了故障，地铁部门的通知可以为他作证。另外两次迟到的时间分别是3分钟和5分钟。

根据这份考勤记录表，部门经理说这个实习生"天天迟到""特别爱迟到"是失之偏颇的。事实是，这名实习生有一次迟到正好被部门经理抓了现行，从此部门经理对实习生的印象就是爱迟到。他自动关闭了有关实习生的其他信息来源，不再了解实习生的工作做得怎么样、和同事的关系处理得怎么样、工作态度怎么样。当领导问起他对实习生的看法时，他头脑中第一个出现的就是实习生迟到的场景，他便用不清晰的问题描述，给实习生判了"死刑"。

PEP 法则

如何才能够简洁又具体地准确描述问题呢？我们可以用 PEP 法则轻松搞定。

具体来说，P（period）代表时间段，E（event）代表事件，P（percentage）代表程度。我们在描述问题时，可以套用这一原则：

如何在 （时间段） 内 （将什么事做到什么程度） ？

如何在三个月内将客户投诉率降低 5%？如何在本月底之前成功让 20 位用户办理 ETC（电子不停车收费系统）？如何在一年内减少 15 千克体重？

你要描述的状况如果比较复杂，也可以借助 5W2H 横向分析法、人机料法环[①]等工具，以便把问题描述得更加全面和专业。

---

① 人机料法环是对全面质量管理理论中五个影响产品质量的主要因素的简称。人，指制造产品的人员；机，指制造产品所用的设备；料，指制造产品所使用的原材料；法，指制造产品所使用的方法；环，指产品制造过程中所处的环境。

分析问题，锚定焦点

百事可乐曾经制作过一则电视广告。一位足球明星走在走廊里，看到几个休息室里都有医务人员在给受了伤的队友包扎。他看到有的队友腿受伤了，有的队友手受伤了，感到很疑惑。走廊尽头是一台百事可乐的自动贩卖机，刚下球场的他特别口渴，于是他径直走到贩卖机前投币，按下选择饮料的按键。

按理说，饮料会从贩卖机下方的出货口滚落。他等了一会儿，却没有饮料出来。他开始着急，摇了摇贩卖机，又按了按选择饮料的按键，看饮料还没有出来，一气之下踢了贩卖机一脚，然后就抱着腿躺在了地上，被场地的工作人员搀扶走了。

坐在一旁看着球员操作贩卖机的小男孩跑到贩卖机的旁边，插上了贩卖机的电源，按了一下选择饮料的按键，刚才球员投币时应该出来的那瓶饮料就从出货口出来了。

这名球员有没有发现问题呢？

我们在前文中提到，现实状态和理想状态之间有差异时，可能就有问题出现。在这个情境中，理想状态是投币并按下选择饮料的按键后，就会有饮料从出货口出来；实际状态是投了币，也按了选择饮料的按键，饮料没出来。两者之间有差距，球员发现了这个问题。

这位球员想不想解决这个问题呢？

当然，他因为想解决问题让自己受伤了，就说明他已经很努力地在找方法了。

他按照他的方法，把问题解决了吗？

很显然，没有。

那么，这则广告给我们的启发是什么呢？

如果这位球员一开始不盲目地用蛮力解决问题，而是能够细心地从源头上找一找饮料没有流出来的原因，他就会很容易发现贩卖机还没有通电。

其实，他之所以这样解决问题，是受惯性思维的影响，很多人遇到问题时，都会这样。他们不愿意动脑筋梳理是哪个环节出了问题，总希望在第一时间找到答案。

多数人在遇到问题时，会习惯性地用目标思维寻找解决方案。他们直奔目标而去，忽略中间的过程和环节，不想浪费时间考虑它们。然而，没有找到问题的症结，"头痛医头，脚痛医脚"，哪怕问题得到了解决，也只是暂时的，因为让问题出现的根源没有改变。希望大家能跳出惯性思维，逐渐改变自己的思考方式。

从目标思维到流程思维

每年高考，中国人民大学附属中学的学生成绩都不错，而该校很多学生在学习上也相对轻松。用相对轻松的方式取得比较好的成果，何乐而不为呢？

我一位朋友的女儿就在这所学校读书，在一次考试中，语文满分150分，她得了110多分。如果在一家公司里，一名员工能在满分为150分的绩效考核中得110分，那么他属于高绩效员工、中绩效员工，还是低绩效员工呢？你可能会说，还不错啊。但是，这样的分数在这所学校就是拖后腿的。在那次考试中,她所在年级的语文平均分是124分,她的成绩都没达到平均分。如果你是我的这位朋友,女儿好不容易进入了全国最好的中学之一,却成了拖后腿的,你会怎么办?

我朋友在朋友圈里发了几次让大家帮忙找语文家教老师的消息。我当时看到之后,就问她:"补什么呀?"她回答:"补语文。"我接着问:"补语文的什么呀?"她说:"什么错了就补什么!"我说:"嗯,有道理。"然后我又问了一句,"那你怎么知道她什么地方做错了?"她答道:"多做几张卷子不就知道了吗?真麻烦!"

她打算如何解决女儿的问题呢?大家可能也看出来了,她打算用题海战术。且不说她的方法是否科学,是否符合孩子学习的实际情况,我们先想一想两个问题:第一,用题海战术会让孩子觉得苦吗?第二,题海战术真的能在短时间内提高孩子的成绩吗?相信大家心里已经有了答案。

题海战术怎么能不让孩子觉得苦呢?而且让孩子用题海战术在短时间内提高成绩,也并不容易。既然如此,应该怎么办呢?

就在她一筹莫展的时候,她收到了老师发给她的邮件。邮件的内容是她女儿的语文成绩统计单(见表5-1)。

表 5-1　某学生语文成绩统计单

题目	考点	8月摸底考试	9月月考	10月期中考试	11月月考	12月期末考试	2月摸底考试	3月月考
1	字音	-2	满	满	满	满	满	满
2	字意	满	满	满	满	-2	满	满
3	用词	满	满	满	满	满	满	满
4	病句	-2	满	-3	满	满	满	满
5	修辞	满	满	满	-2	满	满	满
6	排序	满	满	-2	满	满	满	满
7	默写	-5	满	满	-5	满	满	满
8	名著	-3	满	-3	满	满	满	-2
9	标点	满	-4	满	满	-3	满	-1
10	综合1	-1	满	-3	满	满	-3	-1
11	综合2	-2	-2	-3	-3	-1	-5	-1.5
12	问答	-1	-3	-2	-1	满	-4	满
13	记叙文	满	-3	满	满	满	-2	满
14	说明文	-1	-2	-1	满	-4	-3	满
15	文言句	满	-3	-2	-3	满	满	-2
16	文言字	-2	满	-4	满	-2	-3	满
17	散文	-1	-2	-4	-2	-3	-3	-3
18	作文	-4	-6	-4	-5	-7	-5	-5

请大家仔细看一下，这张成绩统计单和大家常见的可能不太一样。大家以往常见的成绩统计单上列出来的一般是语文总分多少，数学总分多少，英语总分多少，当次考试总成绩多少、排名如何，等等。而这张成绩统计单是这名学生七次语文考试的单科成绩单，上面列出来的不是每次考试的总分，而是每次考试中每个考查项的得分。

她正在看邮件时，老师的电话就打过来了：

"××同学的家长，我刚刚往你的邮箱里发了一份你家孩子的语文成绩统计单，我来教你怎么看。

"横向看，表格从左到右依次记录了从去年8月到今年3月的七次语文考试。纵向看，表格列出了满分150分的语文试卷中涉及的18个考点。我们在孩子入学时，就已经把孩子三年后要在高考中应对的每一科的考点梳理出来了。语文考试中一共就这18个考点，高中3年多次考试就是为了反复考查孩子对这18个考点的掌握情况。比看她每一科的总分更重要的，是分析她每一科每一个考点的得分情况。

"我们先来看一下表头下的第三行，也就是序号'3'那一行，'用词'后面的格子里填的都是'满'，说明孩子已掌握了考试会考查的'用词'知识，不需要再针对这个考点反复练习了。我们再来看一下序号'1'那一行，孩子只在第一次考试中的字音题上失了两分，在后来的考试中，这一考点的题得的都是满分。第一次考试对字音的考点设置超出了高考的范围，我们不用将其作为参考，所以这么来看，孩子对字音的掌握也没问题。

"接下来，孩子需要重点下功夫学习的，就是那些在每次考试中都失分并且失分比较多的考点。明白了这一点，孩子在通过做题提高成绩时，就不需要'胡子眉毛一把抓'，只需要根据自己的情况有重点地多练习。这样做能节省时间，提高效率，也会让孩子在用题海战术时不觉得那么苦了。"

这就是把目标思维转变为流程思维的典型例子。梳理流程是为了更好地达成目标，流程中的每一个细节才是我们解决问题的切入点。所以，不要一开始就奔着总目标而去，要把大目标拆解成小目标，把大问题拆解成小问题，这才是正确的问题分析过程。

下面，我们再来看一个商业方面的案例。

> 一位学员是某银行的支行长。某天，他跟我抱怨，说他们支行的员工都没有什么分析能力。当时，各大银行都开始推行智能柜台业务，希望通过自助服务来减轻人工窗口的压力，所以总行给每个支行和网点都配了智能柜台。同时，为了引导、鼓励储户自主地使用智能柜台，总行还为各个支行做了易拉宝（见图5-5），以配合员工的引导和讲解工作。当他去支行和网点视察时，发现易拉宝被摆放的位置各不相同，他很不满意。

图5-5 某银行智能柜台与宣传易拉宝

> 我问他："您不满意，是因为他们没有做到摆放标准化吗？总

行对易拉宝摆放的位置有特定的规定吗？"

这位行长说："那倒没有，只不过我问每一个网点的负责人，为什么要把易拉宝放在这儿时，他们的回答都不一样，而且他们的回答都没有让我满意，这让我觉得这些员工没有什么分析能力。比如，有的网点把易拉宝放在了大门口，员工的解释是大门口的人流量大，把易拉宝放在那里会有更多的人看见；有的网点把易拉宝和智能柜台放在了一起，我问那里的员工为什么，他们说：'它们不是配套的吗？'还有的网点随便找了个空地方，就把易拉宝放在那里了……从他们的回答里，我感觉到，他们没有明白总行为什么做那些易拉宝，他们并没有把易拉宝真正的作用发挥出来。"

我们来看一下这两个易拉宝（见图5-6），左边的易拉宝（大字版）上写着智能柜台业务简介，告诉顾客智能柜台机能受理21种业务，右边的易拉宝（小字版）列出的是21种业务，包括怎么办理这21种业务。

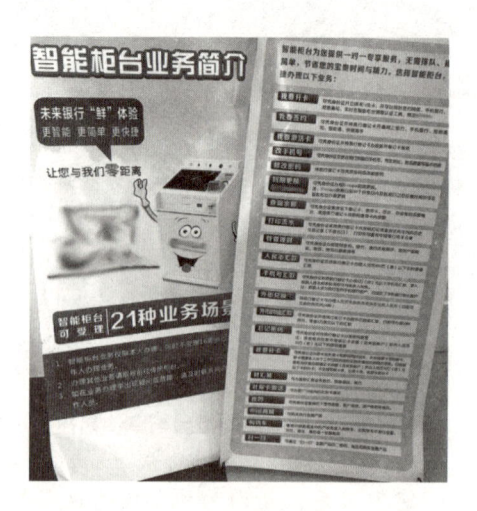

图5-6　某银行智能柜台宣传易拉宝的大字版与小字版

5 解决：职场竞争的终极要素是解决问题的能力

如果让你决定易拉宝摆放的位置，你觉得哪里比较好呢？

每次授课时，总有性子急的学员张嘴就喊："放在取号机旁边吧，每个办理业务的人都要先去那儿！""放在休息区吧，客户一般在休息时，有空看上面的字。""放在大门口吧，让路过的人也能看到。"每到这时，我都不得不叫停。

大家又习惯性地启动了目标思维，直接拍脑袋找答案，没有梳理客户办理业务的流程，没有找到大家会看易拉宝上的字的内在原因，所以他们的答案是经不起推敲的。

我们试着通过梳理流程，来看易拉宝放在哪里最合适。梳理流程前，要先明确流程中的角色及情境。假设你就是到银行办业务的客户，情境是你从大门口进入银行，然后办理好业务，走出银行。

1. 你去银行办业务的第一步，就是要走进银行的大门。有的人说，就把易拉宝放在大门口吧，那里人流量大，很多人路过那里时就能看到。可是有的人有不同的意见，认为进出大门口的人虽然多，但是几乎没有人会站在大门口，把银行张贴出来的理财广告、通知等信息都看完再走进或者走出大门。易拉宝如果放在大门口，被重视的可能性并不高。

2. 进了大门，你一般会直奔取号机，因为去银行办业务时一般都想排得靠前一点，让排队的时间缩短。那么，把易拉宝放在取号机旁边好不好呢？有的人说好，因为这是每个到银行办业务的人都必须去到的地方；有的人说不好，因为大家取了号一般就转身离开了，不会在意取号机旁边有什么。

很多银行网点取号机的旁边都会站着大堂经理或者保安，只要你去取号，他马上就会问你："请问办理什么业务？"如果你说"我想打一份账户历史交易明细表"，而取号机的旁边恰好有宣传智能柜台的易拉宝，他就可能会指着旁边的易拉宝说："哦，办理这个业务不需要取号，拿着身份证和银行卡，去旁边的智能柜台，按照操作流程自己办理就可以，免得排队了。"在这样的情境中，智能柜台旁的易拉宝就起了作用。

当然，取号机旁边也可能没有工作人员，在这样的情况下，即使取号机旁边放着易拉宝，你也极有可能不会看。

3. 接着，我们要考虑的就是等候区。有的人说把易拉宝放在等候区是很好的，大家可能需要在这里等候很久，肯定会有人看易拉宝上面的字。但是我们将自己代入真实的情境中想象一下，现在的人在等候时都是什么状态呢？基本上都低着头，看一会儿手机，再抬头看看屏幕上的号码，或者看一会儿手机，再抬头看看前面的队伍还有多长，很可能完全不在意等候时自己旁边有什么。这么来说，将易拉宝放在等候区并非是非常理想的。

4. 在等候区等了很久，终于轮到你办业务了。你来到了人工窗口，这时你会不会想听从工作人员的建议，在看懂易拉宝上的流程之后，去用智能柜台办理业务呢？有的学员说："不会，我排了那么久，终于轮到我坐在人工窗口前了，我宁可让人来给我办，也不会去用自助服务。万一我没操作好，智能柜台把我的卡吞了，多麻烦啊。所以，就算人工窗口旁边立着宣传智能柜台的易拉宝，我也不会看的。"

梳理完整个情境，我们来做一张图，总结一下刚才的分析过程（见图5-7）。

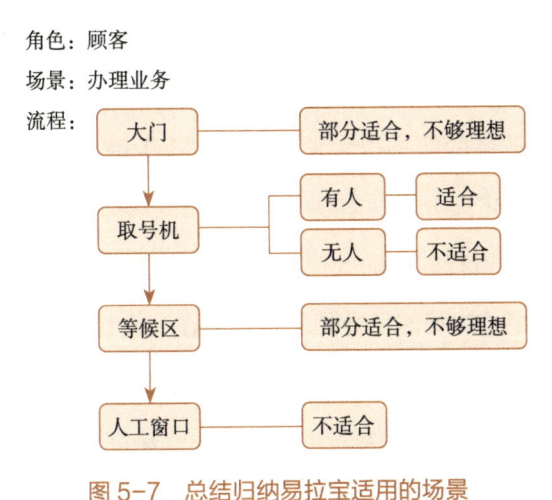

角色：顾客
场景：办理业务
流程：
大门 —— 部分适合，不够理想
取号机 —— 有人 —— 适合
　　　　　无人 —— 不适合
等候区 —— 部分适合，不够理想
人工窗口 —— 不适合

图5-7 总结归纳易拉宝适用的场景

看到这儿，有的人可能会想："最后也没说把易拉宝放在哪里最合适啊？"

别忘了，我们现在要做的不是给易拉宝找一个完美的位置，而是解决那位支行行长觉得"这些员工没有什么分析能力"的问题。我们主要利用客户去银行用人工服务办理业务的流程，分析了客户是否会在不同的位置上注意到推广智能柜台的易拉宝。

有的人可能会说："易拉宝放在哪里最合适这个问题还是要解决的。"那么，到底应该将易拉宝放在哪里呢？

我们要抓住银行客户的底层需求点，而不是规定所有网点都必须统一放置易拉宝的位置。总行为各支行、网点配备"智能柜台业务简介"易拉宝的目的是什么？其实就是两个字——分流。明白了这两个字，我们就可以知道在某个网点里，易拉宝放在哪里是最好的。

165

比如，某个网点位于CBD（中央商务区），去办理业务的客户都是白领，甚至是公司的骨干、精英。他们利用中午休息时间去银行网点办业务，一般都特别着急，所以分流的动作越前置，越能满足这些客户的需求。这些客户可能在去银行网点的路上就想："我只有半个小时，如果办理业务的队排得太长的话，我今天的午休就要泡汤了，想办的业务也不一定能办成，有什么办法能够节省时间呢？"也就是说，他们可能还没进银行网点的大门，就在寻找能够节省时间的办法。在这种情况下，把推广智能柜台的易拉宝放在大门口是最好的。

如果某个网点位于居民区，那么在来办理业务的人中，老年人就会偏多。他们会来领退休金、交水电费，甚至可能在夏天带着孙子或者孙女来蹭空调，休息一会儿。他们在网点的哪里逗留的时间最长呢？一般是休息区。把推广智能柜台的易拉宝放在休息区，老年人就很可能在遛弯时，坐在这里看一看。如果这时工作人员能给他们讲解一下，那么他们下次再来办业务时，就很可能愿意尝试一下用智能柜台。

由此，我们可以看出来，在不同的场景中，面对不同的人群时，我们不要用拍脑袋的、"一刀切"的目标思维，要根据不同情况，用能够优化、调整过程的流程思维，做出不同的方案，这就是个性化定制。

拆解主流程，找出问题点

图5-8中的每一个方框都是主流程之一，每一个主流程中可能还会包含若干需要考虑的问题点，也就是在执行流程的过程中可能会遇

到的困难和阻碍。我们需要把这些一一列在主流程梳理图中，尽最大可能把能想到的问题点写清楚、写全面。做这一步时想得越周全，就意味着埋的"雷"越少。

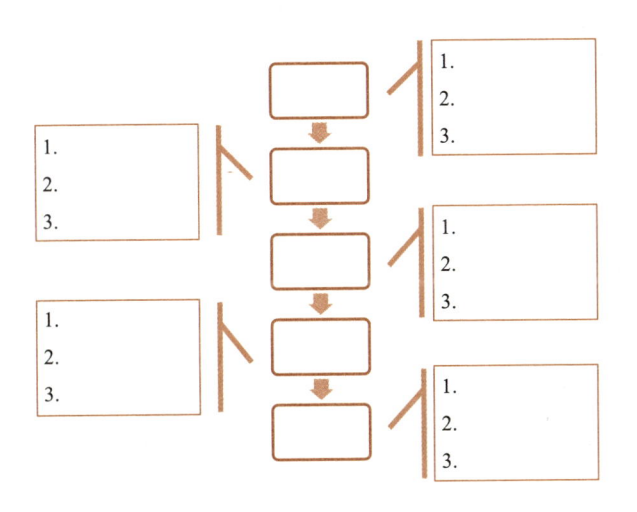

图 5-8　主流程梳理

然而，我们按照这样的方式拆解流程，流程中每一个环节的问题个数就变多了，整个流程中的问题相加起来可能有十几个、几十个，甚至更多，那么我们是不是要把这些问题都解决了，才能够达成总目标呢？当然不是。我们拆解流程为的是提高解决问题的准确率和效率，不是给自己找麻烦。所以，我们还需要给这些问题分类（见图 5-9）。

问题分类的横轴和纵轴代表两个不同的分类维度。横轴代表的是解决问题的成本和难度。越向右，代表解决问题的难度越大，需要花费的成本越高；越向左，代表解决问题的难度越小，需要花费的成本越低。纵轴代表的是解决某一问题的重要性。越向上，代表解决这一问题越重要，且对整个流程执行的贡献性越大；越向下，代表解决这

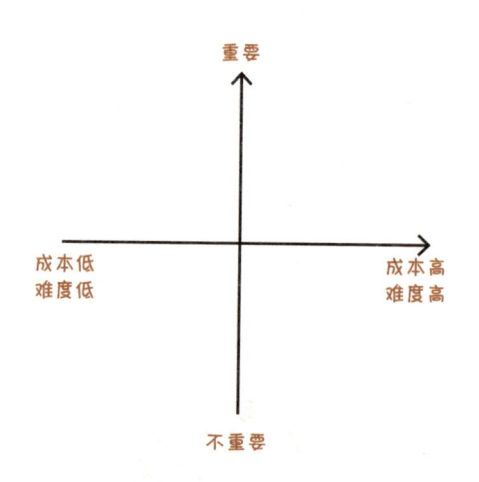

```
              重要
               ↑
               │
               │
    成本低      │      成本高
    难度低 ─────┼─────→ 难度高
               │
               │
               │
              不重要
```

图 5-9 问题分类四象限图

一问题的重要性越小,且对整个流程执行的贡献性越小。

将问题放在右上角的第一象限里,表示解决这一问题很重要,但是需要花费的成本比较高,而且不容易做到。这样的问题往往会给我们造成瓶颈,通常就是我们所说的"卡脖子的问题",称为"瓶颈点"。解决这些问题对于执行流程、解决整体问题来说贡献度很高,但是往往超出了我们的能力范围,而且要付出很高的成本。要知道,不是所有问题都是我们能解决的,或者是我们必须解决的。我们的努力要付出在能解决的问题上,否则就是在做无用功。

左上角是第二象限。将某一问题放在这个象限里,意味着解决这个问题很重要,而且难度相对较低,需要付出的成本不高。解决第二象限里的问题非常有价值,我们称之为"机会点",也是解决整体问题的着手点、切入点。

左下角是第三象限。将某一问题放在这个象限里,意味着解决这个问题比较容易,且需要付出的代价不高,但是它没有那么重要,所

5 解决：职场竞争的终极要素是解决问题的能力

以解决它对解决整个大问题的贡献度不高。这样的问题一般是我们随手就能迅速解决处理的，我们称之为"速决点"。比如，书面确认一个在某次会议上已经一致通过的方案，就只需要回复一封邮件即可。

右下角是第四象限。显而易见，解决第四象限内的问题需要付出的成本很高，难度也很大，而且它们不重要，解决了它们也不会对解决整体问题起什么作用，所以我们没必要在第四象限的问题上耗费太多时间、人力等资源，果断放弃就可以了。我们称这一象限内的问题为"放弃点"。我们觉得一些问题难以解决，很可能是因为我们在放弃点上耗费了太多时间，浪费了太多资源，却没有有效推动整体问题的解决，反而错过了解决整体问题的最佳时机。

做好问题分类后，我们就很容易明确哪些是机会点（见图5-10）。

标准1：贡献度/重要程度

2（★）	1（!）
机会点	瓶颈点
3（→）	4（×）
速决点	放弃点

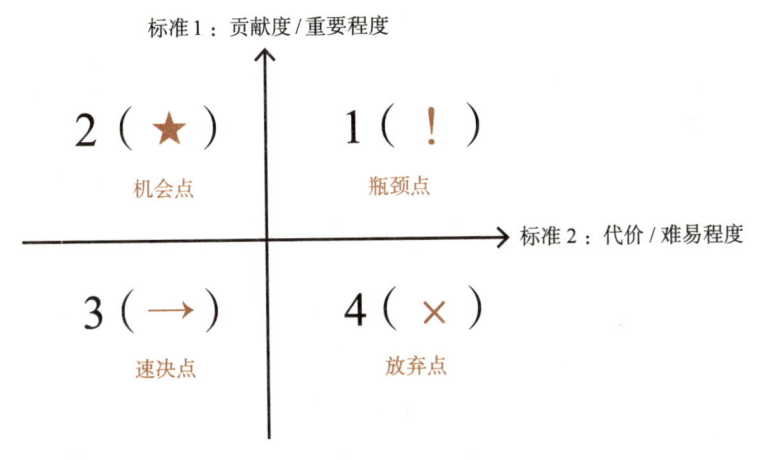

标准2：代价/难易程度

图5-10 用四象限图选取了机会点

在过往授课的过程中，很多学员在学完四象限法则后，会直接在主流程的众多问题中找出一个重要性高、解决起来又不需要耗费太多成本的问题，作为机会点。我非常不鼓励这样做。

这样做就相当于将思维转变回了目标思维，为了找机会点而找机会点，很容易导致找出不准确的机会点。正确的做法是，和团队成员一起探讨每一个问题是瓶颈点、机会点、速决点，还是放弃点。不是瓶颈点、速决点、放弃点的问题，才是我们要的机会点。

用目标思维和流程思维确定出的机会点通常是有差异的，这也是为什么我总是反复强调，在分析、解决问题流程中的任何一个环节中，都不要拍脑袋做决定。在解决问题的流程中，要时刻铭记流程思维非常重要。其实，整体问题或者复杂问题就是多个简单问题的叠加。

解决问题，找出方案

经过发现问题、分析问题这两个步骤，我们找出了解决问题的切入点。接下来，我们要做的就是寻找破解机会点的方案（见图 5–11）。

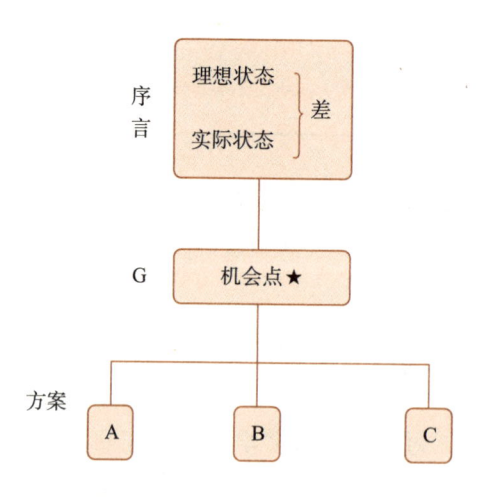

图 5–11　明确机会点，寻找答案

5 解决：职场竞争的终极要素是解决问题的能力

跳出心理定格效应，突破惯性思维

心理定格效应广泛存在于社交活动中，引导人们接受设定好的意向，而影响交流、沟通的质量。心理定格也是一种交流过程，通过这一过程，信息资源的公布能达到预想的效果，在一定场景下能够促进谈判的达成，提高沟通和解决问题的效率。很多人受困于心理定格效应，形成惯性思维，在解决问题的时候思考得不够全面，或者很难产生突破性的创新想法。

就像出去旅行时，如果一心只想到达目的地，对沿途的风景和趣事完全不在意，就可能会错失很多体验。同样，我们在解决问题时，如果一心只想找答案，对在解决问题的过程中遇到的很多影响结果的因素都完全不在意，那么我们最终给出的答案未必是最科学的。

我们来看一个例子。

> 我的一位朋友在某年年底想换一份工作，面试了几家公司后，对其中一家公司比较满意，而这家公司也有很强的录用他的意向，他们进入了薪资谈判的流程。
>
> 经历过薪资谈判的人都知道，这绝对是一场心理战。如果公司给的薪资很低，员工委屈地入职了，等到工作又忙又累，压力大时，就会觉得自己的付出没有换来应得的回报。所以，员工在入职前确认自己能够得到满意的薪资，对其在公司稳定地工作非常重要。
>
> 我的朋友去跟这家公司的 HR 谈薪资时做了充分的准备。HR

非常老练，开门见山地问："如果您加入我们公司，您的期望薪资是多少呢？"我的朋友也不兜圈子，答道："我希望我每个月的税后基本工资为 1 万元。"他的意思是，不算年终奖、福利补贴、税金等，每个月的基本工资是 1 万元。

HR 一听，公事公办地说："我们公司实行宽带薪酬制，每一个岗位都有对应的薪资范围，您面试申请的这个岗位的薪资上限是 8000 元。鉴于您在面试时表现得非常好，部门经理也非常希望您能加入我们的团队，所以我们给您争取了额外的 500 元。也就是说，您来我们公司的话，每个月的基本工资是 8500 元。"

这个时候，理想状态与实际状态之间的差就出现了。在我的朋友与这家公司当时的状况中，理想状态是 1 万元，实际状态是 8500 元，中间有 1500 元的差值。如果双方想要合作，就要解决这 1500 元的问题；否则，双方就要挥手道别了。我们将这 1500 元称为阻碍双方合作的"局限点"（见图 5-12）。

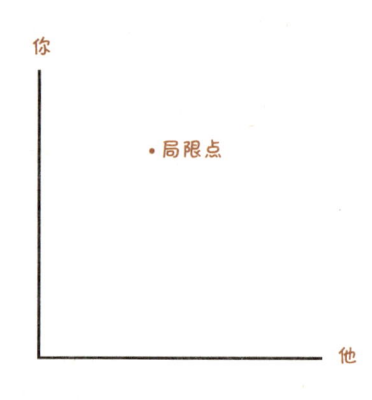

图 5-12　阻碍双方合作的局限点

5 解决：职场竞争的终极要素是解决问题的能力

我的朋友不是职场"菜鸟"，工作了很多年，当 HR 开始给他"画大饼"，说公司除了基本工资外，还将年终奖、额外的津贴等设置得非常合理时，他强调说："我们现在谈的是税后的基本工资，希望公司能够支持我的想法。"

这个时候，双方进入了价格拉锯战阶段。公司希望员工要得少一点，但员工不接受；员工希望公司能多给自己一些，但公司不接受。当双方处于互斥利益这条线上时，双方的利益是互相排斥的：你的多，他的就少；他的多，你的就少，双方可能因此永远无法达成一致（见图5–13）。

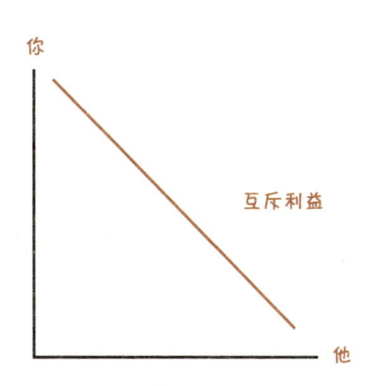

图 5–13 双方进入了互斥利益阶段

HR 意识到了这一点，发现双方在互斥利益阶段继续聊下去，就无法合作了，于是马上转换了思路："这样，我们先抛开薪资的问题。我想问问您，除了薪资以外，您对我们公司还有什么样的期待呢？"我的朋友想了想，说："我在之前的公司已经工作了八年，一直都将工作做得很好。但是，我有一点不太满意，就是他们不注重对员工的职业规划和培养,我在这家公司已经做到了自己的职业天花板,无论是在技术能力上,还是在管理水平上,都很难再提高了。所以,我想问问贵公司在员工的职业规划和培训方面做得怎么样?"

HR 听到我的朋友问这个问题,立刻非常高兴地说:"那你算问对了,我们公司特别注重对员工的培养。每年年初,公司都会为员工制订年度培训计划。如果您做得好,我们还会把您送到外面的专业机构,参加更深入的学习。您放心,在员工培养上,我们在本行业内是 No.1!"

说到这里,双方谈话的氛围就变得非常愉快了。你要的,正好是他有的;他给的,正好是你想要的。这就是典型的双赢(见图 5-14),双方的利益是捆绑式的,在一条线上,共同向上发展,我们将这一阶段双方的利益称为共赢利益。

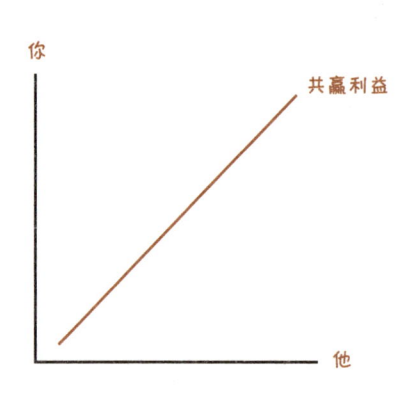

图 5-14 双方进入共赢利益阶段

不管是谈判,还是做销售工作,我们都希望能和对方进入共赢利益阶段。双方只要看到自己能与对方有共赢利益,似乎就能与对方合作。但是,共赢能解决双方之间的所有问题吗?大家想一下,如果去这家公司求职的是你,你会不会因为这家公司的员工培训做得好,就愿意每个月少拿 1500 元工资呢?我在授课的过程中,向学员提出这个问题时,绝大多数学员都会摇头。大家还是很理智的。

公司在员工培训方面做得好,当然是一件好事,但可能很少有员工愿意以舍弃一部分工资要求为代价,来获取参加公司培训的机会。因为大家心里非常清楚,企业为员工提供培训机会,是为了让员工"反哺"企业。员工获得了参与培训的机会,但每个月的工资少了 1500 元,不就相当于员工每个月付了 1500 元的培训学费吗?员工如果这么想,就会觉得不划算。所以,有些解决方案即使对双方都有益,能让双方都开心,也不一定真的能解决现实问题。

  HR 观察了一下我的这位朋友,发现他没有降低期望薪资的意愿,于是继续发问:"除了薪资和培训以外,您对我们公司还有什么要求呢?"

  朋友想了想说:"是这样的,因为之前公司的员工培训做得不好,所以我自己正在读在职 MBA(工商管理硕士)。MBA 的多数课程都设置在双休日,但是我选了一位老教授的课,他会在每个月的一个星期五上课。这就意味着,我入职之后,需要在每个月的一个星期五请假去上课,这样我才能够拿到学分,最终顺利毕业。这对我来说很重要,我想问问,公司可不可以让我在每个月的一个星期五请假去上课呢?"

HR 一听，机会来了，便开始说："关于这件事，我回复您两句话：第一，我需要将您的这件事汇报给部门负责人，看看您在每个月的一个星期五请假会不会影响部门的工作安排；第二，如果我们公司每个月给您一天的带薪年假，也就是说，您可以去上课，公司还不扣您的工资，那么您能够为公司做点什么呢？"

HR 将我的朋友踢出的球踢给了他，而且踢得漂亮。朋友想了想，说："我除了做好我的本职工作以外，也没有什么能额外贡献给公司的呀！"

经过进一步商量，双方最终是这样决定的：试用期内，我的朋友每个月的基本工资是 8500 元；试用期结束，通过考核，成为正式员工后，他的工资直接调整到 1 万元。根据《中华人民共和国劳动合同法》规定，三年以上固定期限和无固定期限的劳动合同，试用期不得超过六个月。也就是说，对于我的朋友来说，每个月少收入 1500 元工资的情况最多只会持续六个月，他的损失最大值也就是 $1500 \times 6 = 9000$ 元。

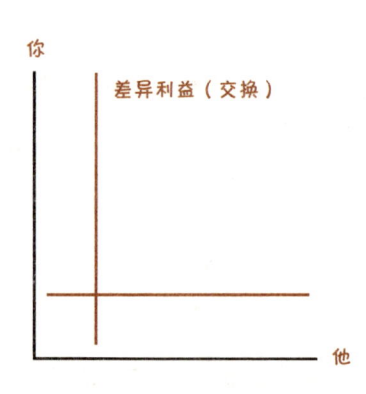

图 5-15 双方进入差异利益阶段

5 解决：职场竞争的终极要素是解决问题的能力

在图 5-15 中，我们可以看到两条相互垂直的直线。我们从双方利益的角度分析一下，为什么双方在这种情况下会愿意配合对方，从而达成一致。

从 HR（公司）的角度看：

经过协商，公司需要付出的成本，是这位员工工作时间的工资和他每个月一天的休假工资。他的工资是 8500 元或者 1 万元，这意味着他每天的工资只是三四百元，这样的数额对公司来说并不高。公司能获得的收益是什么呢？短期收益是以比较理想的薪资引入了优秀的人才，长期收益是这位员工还在不断学习，努力提高自己的能力，他未来可能会为公司带来更大的价值。所以，公司其实是以较低的成本换取了较高的收益。

从我朋友的角度看：

经过协商，他需要付出的最大成本是 9000 元。那么，他获得的收益是什么呢？短期收益是能够按时去上 MBA 的课，能顺利毕业，提高自己的学历。长期收益是能提高自己的能力以及市场竞争力，未来可能会得到更广阔的发展空间。所以，员工其实也是以较低的成本换取了较高的收益。

两者在协商过程中的思考，是对双方差异利益的思考。对差异利益的思考使得双方有效地避开了局限点，能够接受要付出的成本，得到了满意的收益。

下面，我们来总结一下上述案例中，双方在解决问题的过程中经历的三个阶段（见图 5-16）。

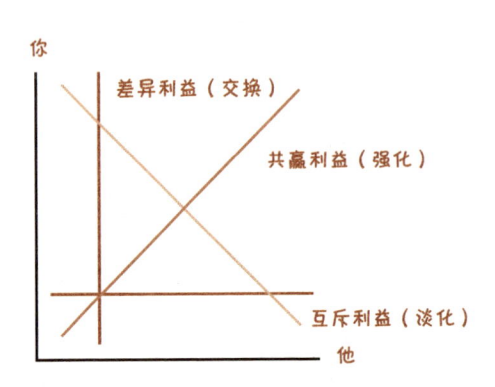

图 5-16 双方达成合作经历的三个阶段

第一阶段，互斥利益阶段。

我们在和他人就互斥利益进行协商时，惯性思维带给我们的解决办法往往是讨价还价，开展价格的拉锯战，希望双方的想法能快速达成一致。但这样的方法往往很难真正解决问题，因为双方的利益互斥时，用这样的方法无法避开局限点，所以我们要尽量淡化互斥利益。

第二阶段，共赢利益阶段。

共赢通常是谈判双方都在努力追求的结果。不可否认，很多情况下让双方共赢是能够解决问题的。但是，在刚才的案例中，我们可以看到，共赢的力量有时比较弱，不足以让双方握手言和。在这种状况下，如果希望双方达成一致，需要进一步就双方可以得到的利益协商。

第三阶段，差异利益阶段。

思考差异利益能够帮助双方有效地避开局限点，让双方从各自需要付出的成本与得到的利益差方面着手协商问题。需要注意的是，很多人在思考差异利益时，总是习惯性地搜寻双方之间的利益差，这相当于再次陷入了惯性思维，让双方回到了互斥利益阶段。一定要牢记：要思考自己需要付出的成本与收益之间的差，其本质就是考量一下自己是否以比较低的成本换取了比较高的收益，如果符合这一点，那么双方所商议的方案就是你可以接受的。

图 5-17、图 5-18 从更底层的角度直观诠释了这个方法的原理。

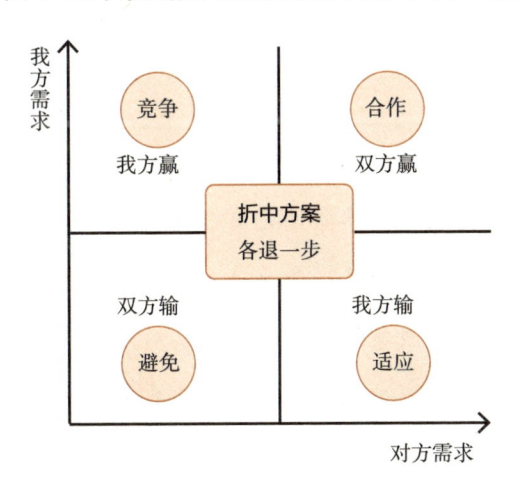

图 5-17 双方达成合作结构图 1

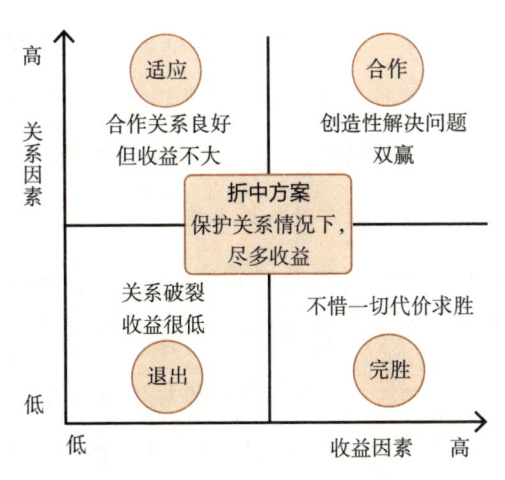

（纵轴：我方需求；横轴：对方需求）
- 左上：竞争 — 我方赢
- 右上：合作 — 双方赢
- 左下：避免 — 双方输
- 右下：适应 — 我方输
- 中间：折中方案 各退一步

图 5-18 双方达成合作结构图 2

（纵轴：关系因素 高/低；横轴：收益因素 低/高）
- 左上：适应 — 合作关系良好但收益不大
- 右上：合作 — 创造性解决问题 双赢
- 左下：退出 — 关系破裂 收益很低
- 右下：完胜 — 不惜一切代价求胜
- 中间：折中方案 保护关系情况下，尽多收益我在中国第一汽车集团有限公司（简称"一汽集团"）授课时，接触过这样一个相关案例。

当天的学员几乎都是一汽集团的高管，他们大多在一汽集团工作多年，年龄普遍比较大，对一汽集团的发展历史都相当了解。一位领导听我讲完了这个方法之后，说："任老师，听你讲这个方法，让我想到了我们的一次经典谈判。现在回想一下，我们当时谈判的底层逻辑应该就是你讲的思考差异利益。"

20世纪90年代，中国汽车的自主研发和制造能力还很弱。一汽集团和德国大众汽车集团是有合作的。在当时，德国大众汽车集团在德国本部更新了一条生产线，旧的生产线被替换下来，成了闲置物品。一汽集团听到这个消息后，就希望能将他们旧的生产线采购过来，以此提高中国的汽车自主生产能力，所以一汽集团特意派了专人前往德国谈判。

在一汽集团的代表去德国之前，领导给出了购买生产线的预算（这是实际状态），但是德国大众汽车集团给这条他们已经不需要的生产线开出了很高的价格（这是理想状态）。双方对价格的预期产生了差异（这是问题），自然需要协商解决。

到了德国之后，双方进入谈判阶段。

正如我们在前文中说到的那样，一开始，双方进入了互斥的状态，打价格拉锯战，谈得精疲力竭。不难想象，他们在这样的状态中没有达成一致，会议主持人提出中场休息。

就在中场休息时，一汽集团的一位代表无意间听到对方一位做销售工作的谈判代表在接电话,原来他们有一批滞销的桑塔纳汽车需要尽快整单销售出去,这样才能得到回款,盘活现阶段的现金流。桑塔纳在当时的德国并不是畅销车型,尽快整单销售出去的难度太大了。

一汽集团代表得到这个消息后,头脑中马上有了一个大胆的想法,于是赶快向自己的领导汇报、申请。领导说:"那你可以试一试。"

双方回到谈判桌上时,一汽集团代表提出:"我们获悉贵公司有一批桑塔纳汽车需要整单销售,我方可以整单采购,但是有一个条件,那就是这笔订单需要附赠我们要的这条生产线。"此时,局面出现了180度的大转弯,一汽集团最终以这个方案得到了这条生产线。

当一汽集团带着预算,诚心诚意地想要花钱购买对方的旧生产线时,对方把价格标得虚高,希望能多赚点钱;后来,对方却以附赠的方式让一汽集团不花钱就将生产线带走了。对方的态度为什么会有这么大的转变呢?

首先,我们来分析一下对方需要付出的成本与得到的利益的差。对方要付出的成本是什么呢?是那条已经被他们废弃的生产线,可以说,他们要付出的成本非常低。那么他们的收益是什么呢?解决当前他们遇到的最大阻碍——将滞销汽车销售出去,清空库存,以回款现金流给公司"输血"。这样来看,对方以很低的成本换取了很高的收益。所以,他们最终愿意让一汽集团带走生产线。

接着，我们来分析一下一汽集团需要付出的成本与得到的利益的差。一汽集团需要付出的成本是什么呢？表面上看，一汽集团付出了采购成本，其实付出是负数。在20世纪90年代，一汽集团之所以有魄力整单采购在德国滞销的桑塔纳汽车，是因为他们知道这批车运回国内以后不愁卖。当时，国内汽车的市场销售情况是供不应求，这批车运回国后，不但能够迅速卖掉，还能获得一定的利润。这样来看，一汽集团花费的成本就是负数。一汽集团购得生产线的收益是什么呢？短期来看，可以让一汽集团提高自主生产汽车的能力，长期来看，为一汽集团乃至整个中国汽车行业的发展奠定了基础。很明显，一汽集团以很低的成本换取了很高的收益。

我们可以看到，双方最终协商出了一个很棒的方案，谈判结果达到了双方的心理预期，双方都觉得自己是划算的，自然愿意合作。

寻找解决方案，创新很有必要

遇到问题时，有办法解决就可以了，一定要创新吗？我们这里所讲的创新，不是发明创造，更不是为了新而新，为了不同而不同，而是要在资源有限的情况下，用更有效的方法解决问题。

在解决问题之前，我们先来聊聊创新这件事。

很多人觉得创新离自己很远，觉得做好自己手头的工作就可以了，不需要创新。随着社会的飞速发展，我们身边每时每刻都在发生变化，唯有变化才是永恒的。要想应对不断变化的工作难题，我们就需要有创新的意识和本领。

我从事企业培训工作多年，和国家电网有限公司（简称"国家电网")的合作一直很多。前些年，各个城市国家电网的排课量需求都很大，经常要用一门课轮训国家电网不同城市各级子公司的员工，国家电网也算是我的 VIP 客户。可是，最近这三年多，国家电网的排课量需求下降得厉害，从以前的一年几十天变成了现在的一年十几天。大客户出现了这么大的变化，我当然要了解一下。

有一次，我在北京国网高培中心授课期间，和一位培训负责人一起吃午饭。我问："最近这几年国家电网的排课量为什么有所下降啊？是不是我这边有什么问题，您看有什么需要我调整的吗？"这位负责人一听，马上解释道："任老师，您别多想，不是您的问题，是我们这边有些变化。"我接着问："什么变化呢？"这位负责人回答说："一个基础部门的全国的员工以前都要接受您的一门思维课程的轮训，现在这个部门裁员了，人少了很多，自然也就不需要安排那么多期课程了。"

看到这儿，大家可能会好奇，是哪个部门呢？有人可能会说是收电费的部门，有人可能会说是抄电表的部门。确实，这几年这些岗位上的人渐渐减少，甚至不存在了。但是，这些岗位上的人本来也不需要来上我的课，其实培训负责人说的是客服部。相信大家都有感觉，从一些年前开始，各个企业就用智能客服替换了部分人工客服，我们拨打客服热线时，电话里通常会先传来这样的声音："需要××服务请拨 1，需要××服务请拨 2……需要人工服务请拨 0……"如果人工客服繁忙，我们拨 0 后，可能要等好久。最近这一两年，有越来越多的推销电话、回访电话等是机器人拨打的，也就是许多公司的呼叫中心（客户服务中心）提升了电话呼出和呼入系统的智能化，不需要那么多人工客服了。

我接着问:"难道是客服部不存在了吗?"这位负责人说:"哦,那不是,我们还保留的客服岗位大概是以前的10%。"大家想想,这10%的岗位会留给谁呢?绩优员工,也就是无法用智能系统替代的人。智能客服往往只能用常规的话术处理一般性、普遍性的问题,那些棘手问题、以前没有客户反映过的新问题都需要绩优员工处理。

我们可以看出,只有能不断应对变化,时时具备创新能力,才能成为被留下的那10%。其实,我们身边有很多工作岗位都在更迭中慢慢减少,比如高速公路收费员、超市售货员、停车场收费员、银行柜员……慢慢地,可能陆续会有更多工作岗位会被智能化的工具代替。所以,大家需要有危机感,不断地学习和提高,让自己不断适应变化中的环境,具备创新能力,以解决不同的问题。

对很多人来说,创新是非常具有挑战性的,其实创新也是有方法的,我们每个人都有创新的能力。我们可以从两个方面来提高创新能力:提高想法的数量,优化想法的质量。

下面我们先来看,如何增加想法的数量。

用创意解决问题时,很多人遇到的最大困难是想法数量不够。其实,人的大脑本质上是有惰性的。当我们向大脑发出指令,寻找解决问题的方案时,大脑会根据过往的经验和常识,自动给出一个初始方案。这个方案往往是我们最常用的,也是最容易被大脑获得的,来自思维的主干道。可是现实情况往往受多种因素的制约,这个方案不一定是最佳方案。在这种情况下,我们需要强迫大脑给出更多的方案。

在不借助任何工具的情况下,让大脑费力地思考出两三个解决问题的方案,就很可能会让大脑感觉疲惫,所以绞尽脑汁地想更多的解决方案不是最聪明的做法。我们找出机会点后,如果希望能够找出更多破解机会点的解决方案,就要根据实际情况做科学的筛选。

要想让解决问题的方案大量增加,我们需要启动创新思考动力,接下来我们要学习的这个启动创新思考动力的方法叫——构建"想法池"。

试着看看下面这道题目:

在水杯不倾斜且不破坏水杯的情况下,如何清空水杯里的水?

大家头脑中第一个跳出来的方案是什么?相信大多数人会说:吸管!没错,我们最容易想到的就是吸管了。在杯里放一根吸管,就可以把水吸出来。这种方法既不会破坏水杯,又不需要水杯倾斜。那么,这是一个完美的答案吗?如果我们所处的环境中没有吸管,也找不到可以替代吸管的东西,该怎么办呢?

我们需要更多的方案,让它们汇成想法池,只有想法池中的想法足够多,我们才可以用多种衡量标准从众多的想法中找出最科学、最完美的答案。

用吸管清空水杯的原理是什么?大家可能会想到气压差、虹吸现象等。这样想很有道理,但是包含这些原理的吸水方法并不全面,我们只想到用"吸"的方式把水杯清空,其实还有很多办法。想一想,还可以用什么来清空杯子里的水呢?相信大家都可以想到海绵、纸巾、水泵、针筒、大象、毛巾、衣服等(见图5-19)。

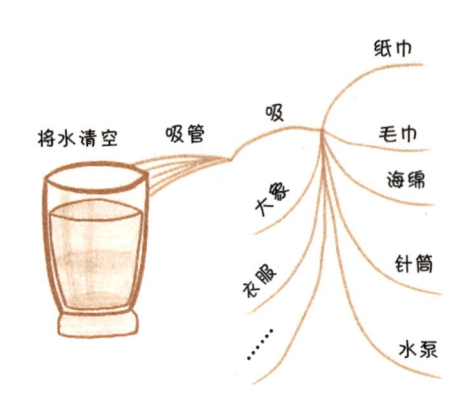

图 5-19　如何清空水杯里的水

我们如果只用气压差、虹吸现象等找方法，就可能会限制自己的发散思维，不会想到用毛巾、纸巾、海绵、衣服等也能清空杯子里的水。所以，当我们提取底层概念时，选取包容性较强的、涵盖内容范围较广的，才能激发思考，创造更多的可能性。

我们把由初始主意激发出多个新方案的思考路径加以整理和固化，再将新方案作为初始主意继续发散思考，方案的数量就会发生裂变，大量增加，众多方案就会汇集成一个"想法池"（见图5-20）。

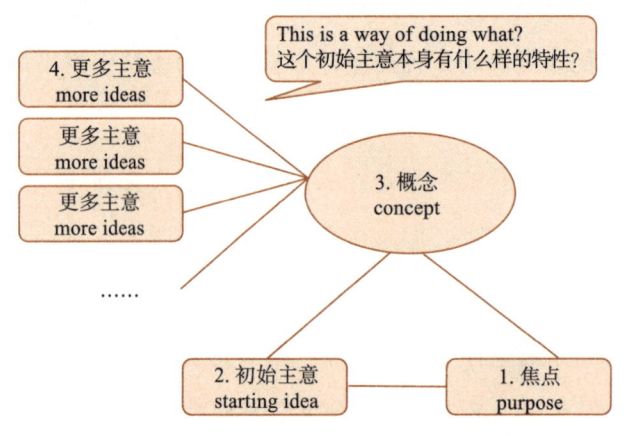

图 5-20　思考过程的四个步骤图

5 解决：职场竞争的终极要素是解决问题的能力

除了"吸"以外，我们还可以利用其他方法清空杯子里的水，比如加热、蒸发、填充等。如果你已经想到了更多，证明你的大脑已经开启了发散思维，你的多个"想法池"已经开始构建了（见图5-21）。

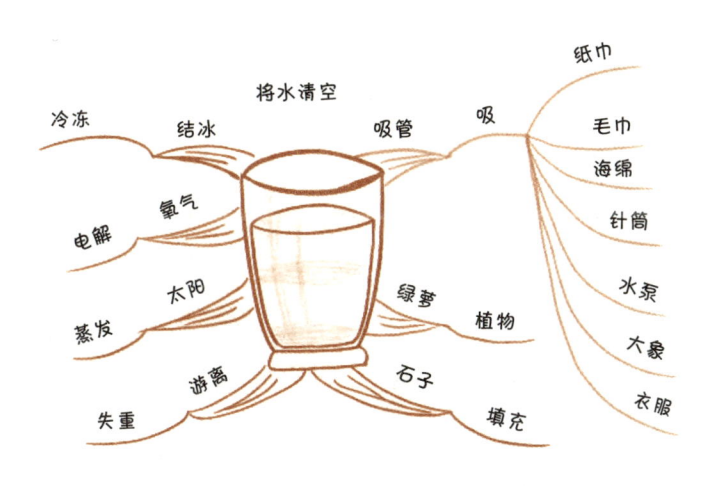

图5-21 清空水杯里的水的多种方案图

每一个思考方向都可以构建出新的想法池，每个想法池里都有许多解决方案。将这些方案细化为具体的工具、方法、材料后，才能落地、实施这些方案。比如，我们要深入思考一下，衣服这个方案是可以拿来就用的吗？衣服是一个大的概念，我们要将这个概念细化成西装、衬衫、裤子、袜子、手套等（见图5-22）。

从一个目标出发，我们可以发散出宽泛概念和具体概念，每一个具体概念后面又可以衍生出不同的主意，这一增加想法数量的过程在思维导图上可以分为四个层级（见图5-23）。

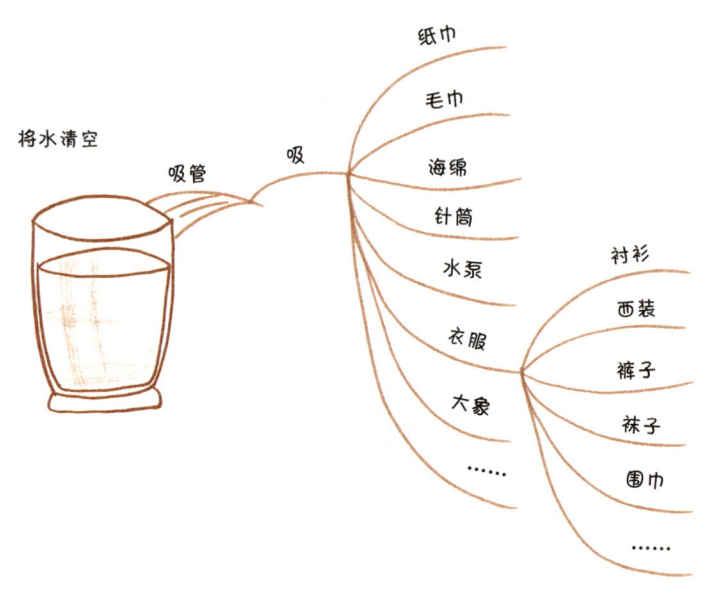

图 5-22 清空水杯里的水方案细化图

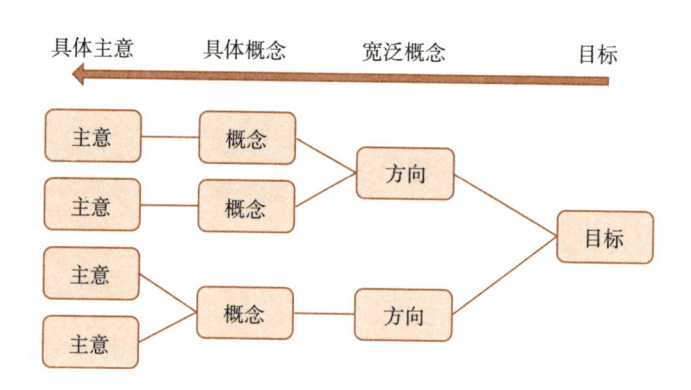

图 5-23 同一个目标可以有不同解决方案的示意图

再来看优化想法质量。

有的人可能会说，"想法池"是不错的，将大量的想法集合在一起。但是基本都是传统方法，没有给人创新的感觉。

我们的终极目标是"用更有效的方法解决问题"，所以我们需要打破思维的边界,突破思考的瓶颈。

想一想,这道题目中,有没有说水杯是多大的?有没有说水杯是什么材质的?有没有说我们要用多长时间把它清空?有没有说水杯是在一个什么样的空间中的?都没有。突破这些障碍能够激发我们更多的想法。当我们发散思维时,请大家大胆地突破思维瓶颈,让更多想法的出现变成可能。

我们来尝试一下,打破思维瓶颈的方法。

极限法:假设清空水杯里的水的时间可以无限长,那么我们就可以什么都不做,等着水杯里的水自然风干。这样做既节约成本,又不需要技巧,同样能得到清空水杯中的水的结果。在实际生活中,生产一些物品的工序中就有自然风干。在等待自然风干的过程中,工作人员就可以去做其他的工作。

反向法:既然水杯不能倾斜,那我们就可以让水杯处于失重状态,让水自动游离出来。也可以利用离心力,把水甩出来。洗衣机的脱水原理就是利用离心力。

以上两种方法,既增加了想法的数量,又提高了想法的质量。这才是我们要的更有效的解决方案。

决策筛选,矩阵量化

有了多种备选方案后,我们就要做决策筛选了。首先,我们要进行初步判断,剔除那些不合理的、无法实现的、天马行空的想法。

初步判断

我们在前文中列出了众多清空水杯的方法,但是我们不会用这么多方法来吸一个杯子里的水。在实践之前,我们要做筛选。想一想,如果让你选择用海绵、纸巾、水泵、针筒或者大象清空杯子里的水,你会选哪一个呢?

我猜,大家都不会选水泵,因为水泵造价高,会提高成本,而且操作过程复杂,需要通过培训专门学习。

估计大家也不会选用针筒,因为用针筒存在着一定的危险。(在工作方案实操过程中,决策者一定会考虑员工的安全问题,这是头等大事。)

选用大象就更不可能啦,先不说成本,去哪儿弄来一头大象都是个问题。

选用衣物是比较合理的。我们在前文中提过,衣服包括西装、衬衫、裤子、袜子、手套等,它们有各自的特点。如果真的用衣服作为清空水杯的工具,你会选择西装,还是选择手套呢?有人说不会选择西装,因为西装的吸水性不一定好,另外我们更要考虑两者的成本。很明显,手套的成本更低,获取手套更方便,而且用手套吸干水杯里的水也更简单。这就是我们所说的,在不同的方案面前,要用不同的衡量标准筛选答案。

经过初步判断,有些不靠谱的想法被淘汰、过滤掉了,剩下的一些想法看起来还不错,但是我们往往无法实施所有方案,逐一试错,因为那样做需要付出很大的代价或者很高的成本。接下来,我们就要学习如何进行科学决策筛选，提前规避风险，最大限度地节约实操成本。

科学决策筛选两步走

选出需要优先考虑的标准

选出需要优先考虑的标准是做科学决策筛选的第一步，也就是要从复杂的事物中找出我们最需要的、最重要的。

记得在我上大学时，有一款诺基亚手机特别受欢迎。它的键盘如同电脑键盘，小小的，密密麻麻的，26个字母以及其他符号全都挤在小小的操作空间里，想要用它快速打字，还真得非常熟练才行。此外，这款手机上还有接听键、挂断键、导航键、home键等。

随着手机升级迭代，新款手机纷纷上市。比如滑盖手机就用滑盖部分将按键分区。当不需要打字时，就不需要滑动屏幕，只用屏幕下方的5个按钮，就可以进行一些简单的操作；只有需要打字时，将屏幕那一层向上推，屏幕下层的12个按键才会被利用起来。这样的设计明显是将一些硬件集合在一起或者划分开，让手机的功能分区。

如今，大多数智能手机外形都趋于一致，只有手机的边框上有几个按键。打开手机主界面后，点屏幕上的应用程序，就可以使用其中的功能了。

那么，为什么在手机演变的过程中，手机上按键的数量越来越少了呢？其实，把复杂事物中最重要的、最需要优先考虑的要素提炼出来，才是用户思维的真正体现。同样，我们在众多方案中做科学决策筛选时，第一步要做的，也是把最重要的、最有价值的、最符合现实需求的方案筛选出来。

我们可以用"决策矩阵（基础版）"（见表5-2），来帮大家做出筛选，剔除不符合实际情况的方案。如果在列出决策矩阵后，我们发现实施某些方案的成本过高、工期过长，或者技术要求无法与公司现状对接等，那么就可以从理论层面排除这些方案，剩下的方案才是有价值的，是我们要进一步观察和尝试的。

表5-2　决策矩阵（基础版）

	方案1	方案2	方案3	方案4	方案5	方案6
成本预算	☐			☐		
工期时长		☐		☐		☐
人员配置	☐	☐	☐	☐	☐	☐
技术要求				☐		
……						

我们可以看出，在表5-2这个决策矩阵中，只有方案4是符合所有现实要求的，其他方案都有不符合要求之处，无法得到领导的认可和公司的支持，这些不符合要求的方案就可以直接删掉了。

决策矩阵中的衡量标准可以根据实际情况设定，要有价值、有意义。比如，矩阵中有六个方案，这六个方案的人员配置都没问题，那么，将这一条放在决策矩阵中起不到筛选的作用，也就没有意义。

"决策矩阵（基础版）"的最大贡献是能过滤掉不符合标准的方案。

接下来，我们要用"决策矩阵（进阶版）"（见表5-3）进行比较，优中选优，得出最佳方案。

表 5-3 决策矩阵（进阶版）

	方案 A	方案 B	方案 C
成本预算	3	5	1
工期时长	4	8	6
人员配置	7	5	3
技术要求	4	8	6
总分合计	18	26	16

假如通过上一轮的筛选，我们还剩下三个符合要求的方案，分别是方案 A、方案 B、方案 C。在列"决策矩阵（进阶版）"时，我们需要根据每一项标准，给这三个方案打分，最后得出每一个方案的总分。我们可以将单项分值设定为 1~10 分。一般情况下，我们不给某一方案的某一项打满分，评分最好呈阶梯状，这样，分值之间的差距会比较大。在上面的例子中，方案 B 的总分最高。很显然，在这三个方案中，B 方案是最好的。

我们这里的评分标准比较简单，在具体的实操过程中，决策矩阵会更加复杂，其中的标准会更具体。这样的决策方式适用于需要较快速度做出决策的情况。

如果我们现在面临的是一项关系公司生死存亡或者大额资金的重大决策，"决策矩阵（进阶版）"就显得非常简单了。我们还需要再细化评估每一项标准的权重。

"决策矩阵（高阶版）"（见表5-4）为每一项衡量标准增加了权重。如果我们将某一衡量标准的权重定为10，就证明这一衡量标准非常重要，不需要出现在矩阵中被筛选，所以，权重为10的标准出现在"决策矩阵（高阶版）"中是没有意义的。

表 5-4　决策矩阵（高阶版）

	方案 A	方案 B	方案 C
成本预算 9	3	5	1
工期时长 3	4	8	6
人员配置 5	7	5	3
技术要求 6	4	8	6
总分合计	98	142	78

之前在授课的过程中，有学员问我，是否要让所有权重的和等于10或者100。其实没有这样做的必要。每一项标准都是独立的，并非是一个整体拆分出的局部，权重分代表的是这一项在决策中的重要程度。在表5-4中，成本预算对做筛选方案的决策是最重要的，通常情况下，方案需要花费的费用越低，在成本预算这一项上的得分越高。我们再来看工期时长，假设工期时长是可谈的，是有弹性的，那么我们就不需要将这一项衡量标准的权重定得很高。通常情况下，执行某一方案的用时最短，工期时长这一项的得分就最高。

在实际应用的过程中，按照各项标准，给各个方案打分时，要根据具体情况做出相应的判断。

北京的"农业大讲堂"是专业领域的公开课，去听课的都是园林企业、农业产品研发企业、种植企业等企业的员工。我在"农业大讲堂"上和学员探讨到决策矩阵，发现他们依工期时长给方案打分时，就和很多其他行业的人考虑得不一样。通常情况下，我们都希望投资少，见效快，也就是完成某一方案需要花费的时间越短越好。

可是，做农业的人在选择方案时，要考虑到植物的生长周期和环境，方案完成速度的快慢并非他们选择一种方案的决定性条件。所以，评估某一方案在工期时长上的得分情况时，还要考虑方案中的时长是否合适。

我们把各方案各项标准的权重和得分都确定好之后，需要计算一下每个方案的总分。计算方法是：某方案的总分 = 第一项标准的权重 × 第一项标准的得分 + 下一项标准的权重 × 下一项标准的得分）+……

方案 A=9×3+3×4+5×7+6×4=98。

方案 B=9×5+3×8+5×5+6×8=142。

方案 C=9×1+3×6+5×3+6×6=78。

经过这样的计算，方案 B 的得分最高。也就是说，通过"决策矩阵（高阶版）"的筛选，方案 B 是最佳选择。

面向未来进行结果分析

面向未来进行结果分析是做科学决策筛选的第二步。将注意力引向未来，预测行动可能导致的结果，帮助自己做出有预见性的决定。

> 根据典籍，魏文王曾求教于名医扁鹊："你们家兄弟三人，都精于医术，谁是医术最好的呢？"
>
> 扁鹊："大哥最好，二哥差些，我是三人中最差的一个。"
>
> 魏文王不解。
>
> 扁鹊解释说："大哥治病，在病人的病情发作之前，那时候

病人还不觉得自己有病，但大哥就下药铲除了病根，这使他的医术难以被人认可，所以没有名气无法传出，只有我们家的人知道。二哥治病，在病人得病初起，症状尚不十分明显之时，因此大家认为二哥只能治轻微的小病，他的名气也只在乡里流传。我治病，都是在病情十分严重之时，此时，他们看到我用针在经脉上穿刺放血，以为我医术高明，所以我名闻天下。"

从这个典故中，我们可以看到，能够站在现在看未来，看到事情发展的规律和走向的，才是高手！

当我们要采取一个方案时，不妨先从当下、短期、中期、长期等几个不同的时间段来预测一下，如果实施了这个方案，未来可能会发生什么。

某年，为了迎接亚运会，主办城市决定送给市民"亚运惠民大礼包"，其中包括市民免费乘坐公交车、地铁30个工作日，以此缓解地面交通压力。这个想法很好，也在第一时间引起了市民的热烈反响，遗憾的是这一政策实行一周就夭折了。造成这种结果的原因是什么呢？

自宣布市民免费乘坐公交车、地铁30个工作日起，市民奔走相告，大家都觉得这个政策非常好，跃跃欲试。

接着，在免费乘坐公交车、地铁的第一天，当时拥有1200万人口的城市乘坐地铁的人次达到了780万次，比400万人次的平均日常客流量多出近一倍，公共交通系统要承担的压力可想而知，大家的乘车体验也都非常糟糕。

政策实行的第一天地铁这么挤，等到第二天应该就没那么多人坐了吧？可能因为大多数人都是这么想的，大家都抱着试试看的侥幸心理，所以政策实行的第二天、第三天，地铁依然挤到爆。为什么这一政策能引发如此乘车高峰呢？这是因为：第一，地铁里比较凉爽；第二，地铁速度快；第三，地铁的票价一般比公交车的票价高，免费乘坐地铁会让很多人感觉占到了很大便宜。

这种现象的持续，导致了地铁系统瘫痪，投诉率激增，乘客体验感极差。所以，政策实行一周后，免费乘坐公交车、地铁30个工作日的政策取消，代之以按户籍发放现金交通补贴。

我们用面向未来进行结果分析的方式，将这一决策放在时间轴上分析一下（见表5-5）。

表5-5　面向未来进行结果分析

决策议题	即时结果（实施当天）	短期结果（实施一天后）	中期结果（实施三五天后）	长期结果（持续下去）	决策结果
免费乘坐公交车、地铁30个工作日	人们奔走相告，跃跃欲试	公交车上拥挤，地铁爆满，因为地铁快捷，且免费坐地铁让人感觉得到的优惠更多	体验下降，市民开始抱怨，都期待别人不坐地铁，但自己还想坐地铁，抱有再等等的心态	私家车使用效率低，人们都选择坐公交车或者地铁出行。公交车、地铁系统支撑不了过多的客流量，乘客体验感不好，交通系统接到的投诉很多	该政策不一定能让市民满意，反而可能导致公交车、地铁系统混乱，故不宜实施

如果做决策之初，决策者能够用"面向未来"的方式深入思考一下，将目光放长远，就会综合城市的实际情况，做出更科学的决定了。

我在上海授课时，学员们曾在现场就一个实际问题展开了面向未来的思考——是否要购买非沪牌车辆。

学员们就这个议题讨论得非常热烈。上海对沪牌和非沪牌车的管理在很多方面是不一样的，有一组小伙伴对是否买非沪牌车（见表5-6）展开了分析。

表5-6 关于是否买非沪牌车的面向未来的结果分析

假设方案	即时结果（购车1周内）	短期结果（购车1个月内）	中期结果（购车6个月内）	长期结果（购车6个月及以后）	决策方案
买	开心，方便，舒适	周一至周五部分路段限行，私密性、安全性提高	费用高（加油、保险），在部分场所停车不方便，早晚高峰堵车严重	只有周末家庭出行开车，工作日恢复乘地铁的出行方式	（1）不买（2）购买绿色沪牌新能源车①有补贴政策支持②出行路段不受限制③整体费用不高

这是个实际问题，很多在上海的人会受这个问题的困扰。看到长期结果后，大家发现买非沪牌车的劣势明显，所以，最后的决策是：不买非沪牌车或者寻求其他方案。后来大家一致认为现在上海对新能源汽车的政策不错，可以选择绿色沪牌的新能源车。这样一来，既解决了非沪牌车出行路段受限的问题，也满足了家庭用车需要。而且，长期来看，购置新能源车的费用会比汽车耗油的花费低不少。

复盘总结，智慧传承

一个优秀的解决问题的高手，在每次解决完问题之后是要做复盘和总结的。大家在做复盘和总结时，可以选用三个步骤 R—O—S（见图 5-24）。R（review）代表回溯目标/事实，O（optimization）代表优化方案/行动，S（summary）代表总结个人经验/组织智慧。

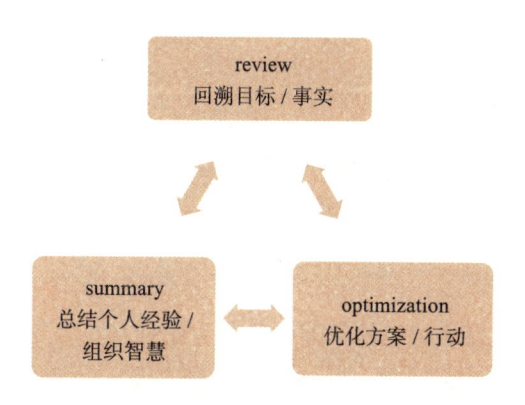

图 5-24 总结复盘的三个步骤

回溯目标/事实

我们要回到原点，思考行动的目标是什么？我们做每一项任务都有目标，包括显性目标、隐性目标、个人目标、组织目标、短期目标、长期目标，等等。

比如，一名销售人员最重要的目标是完成销售任务指标。为了完成这个目标，销售人员可能要出差去拜访客户、开拓渠道，做活动预算、市场调研、工作汇报，参加各种会议和提高业务能力的培训，等等。但这些不是目标，是任务，是行动。做完这些行动不代表一定能达成目标。

对销售人员来说，完成销售任务的显性目标是推进项目，谈下订单；隐性目标是赢得客户信任，并获得行业经验；短期目标是增加与大客户的谈单经验；长期目标是增加行业知识积累，提高自己的市场竞争力。对企业来讲，完成销售任务的短期目标是签下合同，促成合作；长期目标是与标杆客户一直合作。

优化方案 / 行动

回溯了目标之后，我们要找到行动过程中的问题，以及行动结果和目标之间的差距，了解是什么原因导致了不理想的结果，哪些方面可以优化、改进。

导致行动结果不理想的原因主要分为三种：

1. 外部客观因素。比如受到全球经济影响，行业发生变化，相关法规、政策改变，等等。这些不是我们通过个人能力就能改变的、超出我们职权范围的因素，都是我们无法优化的。

2. 内部客观因素。比如部门人事变动，能力不达标，预算偏低，等等。我们有能力优化内部客观因素，但是对内部客观因素的改变不能在短期内影响行动结果。

3. 内部主观因素。比如个人专业技能不足、工作时间分配不合理、难以克服惰性，等等。导致行动结果不理想的内部主观因素，往往是可以在短期内通过采取一些行动改变的，而且会对行动结果产生影响。

所以，要优化行动，就要先从内部主观因素着手，新的行动往往会带来新的结果。

那么，怎么做才算是有效优化行动呢？

首先，将要优化的方案或行动等的颗粒度缩小，将模糊的、笼统的、偏大的方案或行动改变为清晰的、具体的、较小的方案或行动，增强它们的可操作性。

其次，制订的行动计划要经过市场验证，要根据反馈结果，持续跟踪、优化行动计划，不能蛮干。要让计划、行动、反馈形成闭环，并且让计划的合理性呈螺旋式上升。

总结个人经验/组织智慧

每一次复盘，都需要输出内容，个人经验的总结可以影响到组织经验的萃取和传承。

需求提问清单、信息分析流程图、客户管理手册、物料入库盘点表等，都是可以在复盘的过程中不断优化的。启动自省模式，不依赖外部资源而发现问题点、改善点和机会点，将一切经历转换成能力和绩效。

这三个步骤形成一个闭环，不断循环，可以帮助我们在分析和解决问题的过程中持续优化思维，提高能力。

后记

回顾我 20 年的工作经历，无论在外企工作，还是作为讲师授课，金字塔原理始终都是指导我思考的重要工具。

当年，在很多人看来，我辞去让人羡慕的、稳定的外企高管工作，转型做全职培训讲师的想法是非常疯狂的。当时，我身边没有可以借鉴的成功转型者，一个自由职业者很可能收入没有保障，未来吉凶未卜。在面临这么多不确定、不利好条件的情况下，我自己做了慎重的思考，用金字塔原理厘清了思路（见图 1）。

S：我触到了自己目前工作的职业发展天花板。

C：继续、坚持只能让我原地踏步，很难让我有所突破。

Q：有什么是自己感兴趣，并希望深耕的领域呢？

A：人力资源工作中的培训能带给我非常大的成就感。

G：转型做思维培训师。

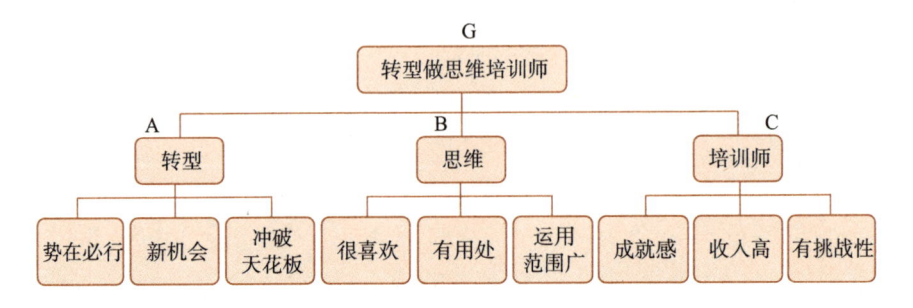

```
                    G
             转型做思维培训师
        ┌───────────┼───────────┐
        A           B           C
       转型        思维        培训师
     ┌──┼──┐   ┌──┼──┐    ┌──┼──┐
   势在  新机会 冲破  很喜欢 有用处 运用  成就感 收入高 有挑战性
   必行       天花板              范围广
```

图 1　用金字塔原理结构图厘清转型思路

在金字塔原理的帮助下，我下定决心，开始做职业讲师。我一直感谢自己当初的明智决定。

人生的十字路口很多，要做的决定也很多。在我们摇摆不定时，拍脑袋做决定太危险了，我们真的需要一个经过反复检验的工具来帮我们把把脉，诊断一下。这样今后遇到困难时，回忆一下当初的想法，也能给自己一个坚持的理由。

大家学习任何工具、模型，都不能让自己的想法仅仅停留在理论层面。大家学习了这本书的内容之后，要将金字塔原理这个经典工具刻意应用在实际工作中：整理信息时，将内容放在标准图里梳理一下；要开口讲话时，将信息放在"表达公式"里，用一句话说出来；思考问题时，找找理想状态和实际状态的差在哪里；做决定时，以面向未来进行结果分析的方式思考一下……

有用才有价值，会用才是王道！鼓励大家，从即日起，就把金字塔原理融入自己的思考模式。

附录

黄金搭档：
金字塔原理与思维导图

在授课中，我经常提到金字塔原理与思维导图是黄金搭档。思维导图是英国的东尼·博赞先生提出的，金字塔原理是美国的芭芭拉·明托女士提出的。虽然从外在看，两者的名字、表现形式、提出者都不一样，但它们的底层思维其实是相通的。金字塔原理的四大特质也是思维导图的特质。而且，思维导图更具有观赏性和发散性。在了解了金字塔原理之后，了解思维导图这个金字塔原理的搭档工具也是必要的。

我们用金字塔原理的特质来分析一下思维导图（见

图 2）。

图 2　思维导图的两个层面

1. 结论先行。在金字塔原理中，结论先行意味着在"时间紧，信息多，他需要"的情况下，先把核心的、重要的、有价值的内容说出来，作为开口或开篇的第一句话。而思维导图的中心图以及中心主题以图文并茂的形式让思维导图中的结论先行。因为中心图和中心主题位于整个画面最中央的位置，所占面积大，色彩鲜艳，最吸引人的眼球。我们在欣赏一幅思维导图时，首先映入眼帘的就是中心主题与中心图。思维导图可以让受众第一时间了解到其要表达的是什么主题。

2. 分类清楚。在构建金字塔结构时，我们需要分门别类地列出 G 的下一层内容，把支撑主题的论据依照 MECE 原则，不重不漏地分清分净。同样，在画思维导图时，我们也需要将与中心图相连的主干（支撑该主题的几个要素）依照 MECE 原则，以不同的分支和不重复的颜色呈现出来。

3. 上下对应。在金字塔原理中，一个论点下的论据只能围绕该论点展开。同样，在思维导图中，同一分支上的内容都是该分支的主干上的关键词语发散出来的。在画思维导图时，做到从中心图和中心主题由内向外发散思考，或是由外向内聚合思考，都是合理的，这相当于在构建金字塔结构时做到了"上下对应"。

4. 排列有序。"没有规矩，不成方圆"，我们为大家提供了六种横向子结构作为排序方式。在构建金字塔结构时，我们需要用同一种排序方式排列同一层级的内容。画思维导图既涉及不同分支的排序，也涉及同一个分支的上下位阶之间的排序。一般前后位阶体现了因果、转折、递进、解释说明等逻辑关系，同一分支或同一节点内展开的纵向结构之间，存在并列等逻辑关系，而排列同一层级的内容只能用一种排序逻辑。

我们再从观赏性和发散性入手，来分析一下思维导图。

许多思维导图色彩鲜艳，图文并茂，非常具有观赏性。所以，在金字塔原理的基础上，思维导图让我们在想象、创新等领域有了更大的发挥空间。同时，思维导图的绘制也离不开逻辑思维。思维导图在具备上文所述的四大特质的基础上，融入我们大脑天生就喜爱的颜色、图形、线条。我们在欣赏一幅思维导图时，不但能够了解作者要表达的中心思想，还能够根据插图，加上自己的想象，产生更多的发散性想法。这些也使思维导图被广泛应用于教学、记忆、演示等场景中。

有关思维导图的更多内容，可以参考我的另一本书《早该这样用思维导图》（该书结构图见图3）。

图 3 《早该这样用思维导图》结构树